本书作者孙福海
在签售仪式上

著名相声表演艺术家
苏文茂为读者签名

天津时调表演艺术家
王毓宝为小读者签名

老作家杨润身为读者签名

相声表演艺术家杨少华
在签售仪式上

为本书创作精美漫画的
漫画家左川为读者签名

著名女作家赵玫为读者签名

书法家唐云来为读者签名

歌唱家关牧村为读者签名

天津民间微雕艺术家
李岳林为读者签名

快板书表演艺术家
张志宽为读者签名

青年书法家张建会在
签售仪式上与读者交谈

京剧表演艺术家孟广禄
为喜欢他的戏迷签名

京韵大鼓表演艺术家
刘春爱为读者签名

农民画家窦锡珍在签售仪式上与小读者合影

本书作者孙福海为读者签名

天津时调表演艺术家
王毓宝在签售仪式上与读
者交谈

蜡像艺术家尔宝瑞（中）
在签售仪式上

签售现场热情的读者络绎不绝

周末逛图书大厦的武警
战士也加入了等候的的队伍

签售现场的小读者和漫画家

孙福海 著

天津人民出版社

嘛叫天津人

图书在版编目（CIP）数据

嘛叫天津人 ／ 孙福海著 . —2 版 . —天津 ： 天津
人民出版社， 2012.5
ISBN 978 - 7 - 201 - 07532 - 7

Ⅰ．①嘛… Ⅱ．①孙… Ⅲ．①艺术家—生平事迹—天
津市—现代 Ⅳ．①K825.7

中国版本图书馆 CIP 数据核字（2012）第 083441 号

天津人民出版社出版
出版人：刘晓津
（天津市西康路 35 号 邮政编码：300051）
邮购部电话：(022)23332469
网址：http://www.tjrmcbs.com.cn
电子信箱：tjrmcbs@126.com
高等教育出版社印刷厂印刷 新华书店经销

2012 年 5 月第 2 版 2012 年 5 月第 1 次印刷
787×1092 毫米 16 开本 18 印张 6 插页
字数：240 千字
定 价：48.00 元

彰显天津人的精、气、神

——《嘛叫天津人》序

夏日炎炎,捧读孙福海同志这部书稿,心中却也是热血澎湃。这是一本引人入胜而又催人奋进的好书。它通过对一个个文艺界先进典型的描写,深刻诠释了天津风采、天津气质和天津精神,彰显了天津人特有的精、气、神,是一部讴歌当代天津文艺界奋发有为、昂扬向上、无比精彩的群英谱。

在同志们的眼里,福海同志是个重情之人。这部散文集所涉及的20位主人公,多是与他共同工作生活几十年、相交甚笃、相知极深的良师益友。这本书共写了20名文艺界的代表人物:王学仲、孙其峰、秦征、何家英、杨润身、王毓宝、苏文茂、赵玫、关牧村等等,他们中有70年前参加革命的老延安,有德高望重的老艺术家,有全国各文艺领域的佼佼者,还有已接过接力棒的中青年一代。这些极具光彩、活跃在当今文化艺术战线,饮誉国内,为天津作出突出贡献的同志,无论是艺术境界,还是在思想道德层面上都堪称典范。福海同志对他们或高山仰止,或情同手足,或关爱有加……他的笔饱蘸感情,写到动情处,催人泪下,令人赞叹,感人至深。书写这些先进人物,就是要提倡他们献身党的文艺事业、服务人民、甘于奉献的价值观;就是要讴歌他们奋发有为、刚毅进取、百折不挠的精气神;就是要赞颂他们淡泊、谦虚、友爱、感恩和善良的精神品格。宣传他们是为了凝聚

力量,鼓舞人心,激励士气,鼓励更多的人向他们看齐。

书中文章思想性强,又极富生活气息,在具体生动的细节中夹叙夹议,故而写事有高度,议论不空泛,绝无高高在上、一味说教之弊。使人觉得这些文字都是从作者胸臆深处涌出,朴实而又浓烈。文章里有他一份真性情,故而能打动人心,有很强的感染力。

这本书在语言上也别出心裁,独具一格。福海同志使用天津人所熟悉的语言和表达风格,叙事行文,有浓郁的民俗味道和平民情怀。天津人写天津人,讲述天津艺术家的天津故事,因而极富天津韵味和天津特色,读来亲切生动,颇具亲和力。

记忆中,这已是福海同志近十年来出版的第四部散文集了。十余年,四部书,说明他是一个勤勉之人。作为天津市文联的领导,要主持大量的日常工作,却能挤出时间,辛勤笔耕,写下这一篇篇文章,为大家带来回忆、激励和感动。衷心希望福海同志继续努力,写出更多更好的作品。

是为序。

2010 年 7 月于天津

再 版 赘 语

　　用天津话说，真哏儿(真有逗)，我这本文字甚浅、立意不高的书，无非记叙了些文艺界名流的"好人好事"，居然出人意料，欣获再版。

　　此书动笔之初，承蒙《天津日报》提携，为我辟出"福海讲故事"专栏，连续刊发这批文稿。写作非我本业，能一直坚持下来，也缘于日报编辑督促鼓励，且要求较松，只要趣味加轶事即可，真实而形象便好。

　　之后，应天津人民出版社所约，我将专栏文章结集成书。念及图书市场严峻，担忧拙著销售不畅，会为出版方、发行方，亦为我自己带来尴尬。无奈之下，厚颜随俗，邀集书中多位主人公两度签名售书。未料读者捧场，云集图书大厦，每次长龙逶迤，均将所备之书签售一空。

　　今逢再版，心怀忐忑，告诫自己不得掉以轻心，遂忙里偷闲，伏案多日，将全书重行修正。同时为满足读者期待，新撰"新人新事"逾八篇之多。

　　总而言之，旧作新订，我已尽力而为。但愿入得法眼，带给您休闲的快乐。再版赘语，虽非醉语，也不可啰嗦，赶紧打住。

作　者
2012 年 3 月 13 日于天津

目　　录

嘛叫天津人的『盖了』

嘛叫天津人的"盖了"

——话说著名相声艺术大师马三立

天津人把好到极致的人和事叫"盖了",意思是"盖"过其他人和事,"盖了","盖了帽了",是好得不能再好了。如天津人钦佩马三立的相声,会说:"人家那玩艺儿,盖了!""人家在台上那'现挂',谁比得了,那是'盖了帽了'。"

当前,有关方面正在筹备 2013 年——马三立逝世十周年,及 2014 年——马三立诞辰 100 周年的纪念活动,人们除了在人品、境界等方面敬佩他之外,更多的还是津津乐道地谈及其生前的"现挂":"三爷的'现挂'——'盖'!""人家的'现挂',无所不在,无人能比,绝对'盖了'!"

"盖了"——他台上的"现挂"空前绝后

谁都知道,马三立的"贯口"有口皆碑,节奏感强,一气呵成。可谁能想得到、比得了,他在使"贯口"时居然能"现挂"呢?而且是一连串的"现挂"贯穿到一连串的"贯口"中,他这些"现挂",观众还以为是固有的"包袱儿"呢。

那次他说《夸住宅》,给他"捧哏"的是赵佩茹。本来该背"贯口"了,可是他发现"粘子不对路",即底下的观众不一定爱听"贯口",如按常规演,效果肯定不好。于是,他在"贯口"中全"现挂"进"包袱儿"。原来的一段台词是:"您家的住宅真是:远瞧雾气沼沼,瓦窑四溜,就跟一块砖抠的一样。门

口儿有四棵门槐,有上马石下马石,拴马的桩子……"这段"贯口"很长,一共有400多个字。这次说到这段时,是这样的:

甲(马三立):您家的住宅真是:远瞧雾气沼沼,瓦窑四溜,跟一块砖'抠'的一样……(说到这,不往下说了,而是看着赵佩茹,用手比画一块砖,往下一指)。

乙:(赵佩茹反应很快,琢磨出马三立要"现挂",马上说)我们家成蛐蛐罐儿了!

甲:门口有四棵门槐,有上马石下马石,拴马的桩子。对过儿是磨砖对缝八字影壁。路北广梁大门走狗……(后两个字是"现挂")

乙:走狗的大门?

甲:也走人。(原来没有的词)

乙:什么叫也走人啊?

甲:进了大门,上有电灯,下有懒凳,上边"摆着"回事房,管事处。(原词儿不是"摆着",是"内有")

乙:蛐蛐过笼儿呀?

甲:到了里间屋,是你爸爸静养的所在,有八宝逍遥自在床,墙上挂着闪缎褥子、闪缎的被卧、绣花的枕头(全部是"现挂")。

乙:都挂墙上去了?哎!我们家防空!

能在说"贯口"中"现挂",而且个个"包袱儿"都响,别说观众都笑,他自己下台后也笑了。赵佩茹说:"三叔,您可真行,我要是接不住……"马三立说:"要不是你在旁边站着,我也不敢这么说。"从这个"现挂",既可看出马三立的机敏,也可看出赵佩茹的"捧哏"功夫。

马三立艺术的一个重要特点是死纲死口,台词固定。但,一旦能有"现挂"的机会,他也不会轻易放过。一次他说《今晚十点钟开始》,说到"当军事家"后,应该欲下场,然后转身返回:"哎,要不,我不当军事家了。"这次依然是这样,但,此时出现了"意外"情况,原来他在往台侧走时,看见又进来一个观众,因为是在夏天,那个观众穿一件短袖衬衣,那胳膊比他的胳膊还细,当然长得比他更瘦,这时观众的目光都集中在这个人身上,怎么办?如果不把观众的注意力集中回来,下一步的"活"没法使啦。于是,他从台侧返回

后,先没有说原来的词,而是很突然地一捋袖子:"哎,我说你看我行吗?"马三立很瘦,胳膊就像麻杆似的,好像要和那位比比,观众都"喷"了,笑出眼泪的人不少。

马三立在他的最后一个搭档王凤山去世后,改说单口小段儿。1999年,他说《八十一层楼》,一上场先介绍自己,这也是"现挂":"我叫马三立。三立,立起来,被人打倒;立起来,又被人打倒;最后,又立了起来。一共'立'了三次。我这个名字叫得就不对:祸也因它,福也因它。我今年85岁,体重86斤。明年我86岁,体重85斤。我很瘦,但没有病。从小到大,从大到老,体重没有超过100斤。现在,我脚往后踢,可以踢到自己的屁股蛋儿,还能做几个'下蹲'。向前弯腰,还可以够着自己的脚。头发黑白各占一半儿。牙好,还能吃黄瓜、生胡萝卜,所以别的老头儿、老太太很羡慕我。我们终于赶上了好年头。托共产党的福,托三中全会的福。我不说了,事情在那儿明摆着,会说的不如会看的。没有三中全会,我肯定还在'北闸口'农村劳动。

其实,种田并非坏事,只是我肩不能担,手不能提。生产队长说:'马三立,拉车不行,割麦子也不行,挖沟更不行。要不,你到场上去,帮帮妇女们干点什么,轰轰鸡什么的……'惨啦,我连个妇女也不如。"这个"现挂"真绝,不但"包袱儿"足,而且想象力丰富,更是介绍了自己的后半生。大家知道,马三立在"反右"和"文革"中,都受到了"冲击"迫害,但他都能笑对人生,依然是"抖包袱儿"不断。

"盖了"——他在逆境中的"砸挂"无人能比

行内讲,台上叫"现挂",台下叫"砸挂"。"砸挂"是分时间、地点和场合的。为什么说马三立的"砸挂"无人能比呢?因为他竟能在殡仪馆的赵佩茹遗体告别仪式上"砸挂"。而且,这个"挂",砸的是恰到好处,回味无穷,令人叫绝。

马三立与赵佩茹是一对好搭档,也是"难友"。二人在"反右"时一起下放农村,"文革"中一起挨整。无论是在台上还是台下,二人在师承关系上虽是两辈人,却亲如手足。赵佩茹是一位在艺术上和威望上都屈指可数的艺术家,可他却在"文革"中惨遭迫害。后来虽被"解放",因身体饱受摧残,最终染疾去世,终年仅59岁。他的遗体告别仪式是在河西区海口路殡仪馆举行的。在这个遗体告别仪式上,没有任何一位领导出席,这与他的大艺术家身份极不相符,所以更谈不上什么规格,而是悲凉凄惨。还好,不少讲"义气"的相声界人士来了,也算是壮了点儿门面。马三立走在最前面,身后是常宝霆、苏文茂等。此时大家心情的压抑、悲痛和愤怒已无法形容。悲痛欲绝的常宝霆想的是赵佩茹和他的大哥常宝堃多年搭档,大哥牺牲在抗美援朝战场上,赵佩茹也同时负伤,又想到自己从小就受到赵佩茹的疼爱、呵护;苏文茂也是撕心裂肺,他想自己儿时是一家药铺的小学徒,而能拜在常宝堃门下,全都仰仗赵佩茹……这时,赵佩茹的遗体从冰柜中拉出来了,因为是在炎热的季节,遗体一出冰柜,头上就布满了一层水珠。就在此刻,再也不能沉寂的马三立,寓意深刻地"砸"了一"挂":"咳!他一辈子没'顶'过'呱',今天也'顶呱'了!(即害怕,吓得都出汗了)"就这一"挂",使情绪难以控制的常宝霆、苏文茂等人的心情顿时豁然开朗了许多,他们都悲在脸上,笑在心里,尽管笑得很难受,很苦涩。这个"砸挂"寓意太深刻啦,赵佩茹走得这么早,这么惨,他们的心情是常人难以想象的,可马三立的这个"砸挂",使他们从悲痛中回到现实,转向了对"文革"的愤懑。这个"砸挂"也确实太经典啦,对于马三立自己来说,也是心情上的一种释放。

马三立第一次受迫害,是在"反右"运动中被打成"右派"。记得,1978年根据中央政策开始对"右派"予以复查、改正之时,我恰好从部队转业分到市曲艺团,负责落实政策的具体工作。可当我查遍马三立的人事档案、文书档案及市文化局、市委宣传部、市委组织部、马三立曾经工作过的广播电台等有关单位时,竟无一纸一字的"右派"记载。没有任何组织上的文字定性结论、罪行、言论、上级批复。这怎么能是"右派"呢?可他确实是人人皆知的戴帽"右派",下放东郊新立村劳动改造两年有余,撤掉副团长职务(也未找到撤职决定),薪金降一级,忍受了一切屈辱和不公正待遇。为什么呢?后调查知情人得知,定"右派"时,电台有指标,原先根本就没他事,可是,到了后期上级硬性摊派下来指标,并且还得根据上级意图,找一个"大的",即有名望的。当时电台曲艺团有两人最有名望,且有领导职务。一个是常连安,一个是马三立。后来考虑常连安是烈士家属,其子常宝堃牺牲于抗美援朝战场,不合适,就认定了马三立。再有,写《买猴儿》的何迟已被打成"右派",演《买猴儿》也应罪责难逃。这简直是绝无仅有的政治笑话。可就是这样的政治笑话却给马三立及他的一家带来难以忍受的酸楚和灾难。

"右派摘帽"后,又回城演出了。二次被打倒,是"文革"开始了,"右派"自然会被作为"历史反革命"关进"牛棚"。接踵而来的是一系列"反动权威"等吓人的帽子。可是让马三立痛心的不是自己,而是孩子及家属。他的长子马志明在市曲艺团属风华正茂,却被打成"现行反革命",5个子女下乡。1970年5月29日,年满56岁的他和老伴、长子马志明、幼子马志良被下放南郊北闸口村务农。马志明腰有伤疾,年仅16岁的马志良务农出工、挖河挣工分儿,成了全家唯一的壮劳力。苦和泪似乎还可忍受,最痛心的是歧视、白眼和无端的喝斥。

一天傍晚,全家已安然入睡,村里民兵"当、当"敲窗户,然后说:"都在家

007

了吗?"马三立答:"在家啦! 什么事?"门外勒令:"今晚一律不许出屋。"

马三立纳闷儿,为什么不让出屋呢? 第二天一打听,"噢! 原来是柬埔寨国家元首西哈努克从附近的公路上坐车路过,怕我放定时炸弹"!

马三立"现挂"说:"你说我炸他干嘛? 再有,我往哪儿弄定时炸弹去,有,我也不会使呀,弄不好,还不得把我自个儿炸了。"

他从"反右"运动被打成"右派"到1979年落实政策、给予平反改正,整整20余年呀,这是人生最美好、精力最充沛的年龄段。可是,马三立第三次又"立"起来以后,丝毫没有改变对党、对祖国的热爱。落实政策之后,即向组织提出要求加入中国共产党的申请。1984年他光荣地加入了中国共产党,1986年被评为天津市优秀共产党员。

20世纪90年代初他在市职工医院住院,我去看望他时,问他"您一生坎坷,可到这个年龄了,脑电图反映是50多岁的,没有多少白头发,从来不染头发,牙一颗没掉,您这是怎么保养的?"

这时他又有一"现挂":"我的养生之道是'文革'中他们批判我的'咬牙切齿'!"

这是怎么回事呢?

马老受冲击时,心态就特别好,也不自暴自弃,无论在什么地方都坚持锻炼身体。他根据自身特点,编了一套"马氏健身法",即每天用手干洗头一百次,抡胳膊打心、打肺各一百下,最后是"磕牙"一百下。他说:在"牛棚"磕牙得躲着造反派,因为曾有人向工宣队汇报,马三立在"牛棚""咬牙切齿"。

"盖了"——告别舞台的"现挂"回味无穷

"纪念马三立从艺80周年暨告别舞台演出"于2001年12月8日在天津市人民体育馆举行。纪念活动由央视著名主持人赵忠祥、倪萍主持,众多艺术家参加演出。马三立在四千余名观众的期待中,最后一个出场,观众报以热烈的掌声。因为我在场,就简单记录下了当时的情景。

马三立的第一句话是:"我是马三立(观众能不认识他吗? 人们伴以笑

声,热烈掌声)。"

"今天给我开这样的一个晚会,我受宠若惊,真是小题大做了,我值吗?(观众互动:"值!")摆那么多鲜花(这也等于向献花的人们表示谢意了),多香啊!纸花咱不要,那是花圈!"(观众笑了。这时,台底下的观众有人喊:"来段《买猴儿》!"因为台下的观众知道,他是因为演《买猴儿》而被打成"右派",这也是观众对他的支持)。他说:"让我说《买猴儿》?岁数大、气力不够了(他刚从医院拔掉输液器来的体育馆),现在我已经变成老猴了(观众哄堂大笑)。"

马三立的母校万全道小学的学生上场献花,他抚摸着小学生的头:"谢谢,谢谢!咱们可是校友啊,我希望你们好好学习。当时我学习就好,考第二。不过,我们班就俩人(观众又笑)。"

倪萍说:"马老,您不说《买猴儿》,那您就给大家唱一段儿?"

马三立说:"唱?我的嗓子不行(在前场演出的有歌唱家李光羲、郭颂)我跟李光羲、郭颂可比不了,人家李光羲不抽烟,不喝酒,保护嗓子,演出前连干的都不吃,李光羲嘛,光喝'稀'的(观众大笑)。郭颂不在乎,郭颂是我的老朋友,我爱听他唱歌,他爱听我的相声。他不忌口,像葱、姜、蒜什么的都吃,山东的干火烧也吃,不喧嗓子。我一想对呀,郭颂嘛,不管什么,端起锅来,一'送','锅送'(又是一个很响的大包袱儿)。"

倪萍:"您真酷!"

马三立:"什么?"

倪萍:"您真帅!您真漂亮!"

马三立:"还没人夸我漂亮呢。"

倪萍:"您体型好,这么瘦,也不用减肥。"

马三立:"我不用减肥,我没地儿减了。再减,就剩猴儿架子了。我明年90岁,超不过90斤了(他一指赵忠祥)。他胖,他的袜子能给我改个背心。(观众笑,鼓掌。他又指马季、马玉涛、牛群、刘伟)马季、马玉涛、我,我们都是一家子,我们都属于'马大哈'那家子的。牛群,现在是县长了,父母官;他是刘伟,刘伟可不是'牛伟','牛尾'我就把他吃了。我离开舞台,可并不离开相声,以后在台上多让年轻人给大家说,让他们说,我,我一边玩儿去(他

鞠躬。掌声经久不息)!"然后,他给大家表演了一段数唱。

马三立出场10分钟左右,他的"现挂"多精彩啊!有谁能够从他的形象中看到或想到,他有20余年的政治痛楚呀?所以说,我们的前辈是令人钦佩的一代,是豁达乐观,在任何时候都能笑对人生的一代。不!他们不仅自己笑对人生,而且还能用无人能及的、"盖了"的"包袱儿"逗笑他人,且令我们回味无穷!

嘛叫天津人的『情』

嘛叫天津人的"情"

——话说文学艺术大师梁斌

　　天津人讲交情、重感情,天津人有情有义,这是外地人对天津人的普遍评价。我认为,天津人身上所体现出来的这个"情",其内涵、概念远远超过新华字典里所阐述的情,因为天津人的情,是有着浓郁的地域特色、独立特点、鲜明特性以及一定境界的特殊的情。这个情,具体体现在某个代表性人物的身上,又都有着不同的特色。

　　一代文学艺术大师梁斌,虽然在津故去已十余年了。可为什么人们没有忘记他? 为什么近年来先后在北京、天津、他的家乡河北、工作过的湖北襄樊等地举办展览,人们争先恐后参观、怀念甚或眼含热泪地激动述说而感恩于他呢? 为什么在他故去以后,各种座谈、记念、评论、研究经久不衰且越来越热呢? 我认为,除了其创作了具有划时代意义的《红旗谱》、《播火记》、《烽烟图》等名著之外,是人们在不经意间不断地发现和挖掘出来的其震撼人心灵的事迹,而这些事迹若用一个字来概括,就是"情"! 是体现天津人精神的"情"!

家乡人民经常念叨他、想他、感恩他

　　一个谁都不知道,甚至连家人都记不得的秘密,被我的同仁、梁斌文学研究会的副会长宋安娜发现了。她去梁斌家乡——河北蠡县梁庄采访,看见一座村中非常显眼且最美丽的建筑——梁庄小学教学楼。两层高的楼坐北

013

朝南,楼体向东西两侧伸展,恰似一个正做着广播体操的小学生,在阳光下尽情地张开双臂。教学楼的中部,设置了一座弧形过厅,弧形采光充分,厅堂里阳光灿烂,灿烂的光芒将朗朗读书声熨烫出绸缎般的质感。当她与村干部谈起"梁庄小学教学楼"这七个大字是梁斌所题匾额时,村干部眼里含着热泪说:这个小学可不仅仅是梁老题字,是梁老自掏腰包拿出50万巨款给我们盖的!

这是怎么回事?一直从事梁斌研究的安娜女士及随行的工作人员谁都不知呀?经采访了解到:1995年梁庄小学校长到天津看望梁老,梁老问及村中教育情况,校长说:难啊!村中唯一的小学,校舍简陋,冬天冷、雨季漏……梁老很难过,问:"盖一个最好的学校得多少钱?"校长说:"盖最好的,得50万啊!"

在当时情况下,家有万元,就可称为殷实显赫的万元户了。50万,数额太大了,梁老也是靠工资吃饭的。可没过多久,梁老把那校长叫到天津,当面交给他50万现金,说:"盖吧,给孩子们盖一所最好的小学校。再苦也不能苦了孩子!"老校长落泪了,颤抖着双手说:"我一定用好这笔钱!"的确,家乡人没有食言,十余年来,从这所学校走出30余位大学生!可梁老在生前并未看到新学校盖成。

1996年6月6日,学校快竣工了,校长及乡亲们来到天津,正值梁老病危住院转缓。乡亲们说:"请您题匾,就叫'梁斌小学'。"梁老笑了,说:"不!不要写我的名字,学校是梁庄的。就叫'梁庄小学教学楼'。"乡亲们争执不过,便由梁斌兴致勃勃挥毫题写了匾额——"梁庄小学教学楼"7个大字。1996年6月20日,梁斌与世长辞。这一天与他为梁庄小学教学楼题名只隔14天。

梁老辞世前,也未向家人提及此事。但家人知道,有一段时间,见他总携画外出,将他几十年来珍藏的名人字画,常往外拿。又过了一段时间,家人无意间发现了他在天津文物商店卖画的单据,数额很大,问他,他将手一摆,说:"你们别管,我有用。"家人只知道他在卖画,想做一件自己要做的事情,都尊重他,也不过问。这件事,也使我想起天津民俗家、文物鉴赏家张仲曾跟我讲过的一件事:"文物商店个别人不像话,我实在看不过去,跟他们急过一次。知道为什么吗?我到文物商店看画,听说是梁老卖的,他急着用钱。可是一问收购价,太欺负人了,梁老不懂行情,人家问他卖多少钱,梁老说'看着办',这些人就给了一个很低的价,梁老也不问,拿钱就走。我把他们数落了一痛,最后他们又去梁老家里送了点儿钱。"张仲先生跟我描述的那些名家的作品,现在的市场行情最少能卖亿元以上。但是,我想,在梁老心里还有什么比孩子们的读书声更能让他打心里往外舒坦的呢?!

情,是永远放射光彩的,是永不磨灭的

在梁庄,流传着许多梁斌关心家乡的故事。农民梁喜来患羊角风,四处求医不治,梁斌把他接到天津,请了名医调治。回乡后,梁斌又一次次买药,亲自包裹好邮寄给他,直至他的病痊愈……

三年困难时期,梁斌生活也不宽裕,但他得知梁振兴家生活艰难,袁营家缺衣少被,便多次给梁振兴寄钱,给袁营家寄去棉被……

1988年,梁斌托人将一台电视机和一批图书送到村里……

国画大师黄胄和梁老是同族兄弟,梁斌便亲自操持在村办小学开辟了"梁黄"阅览室,鼓励孩子们读书走成才之路。

每每家乡人谈起梁老对家乡的情,都非常激动。村中大人、孩子谁都知道天津有个梁斌对他们恩重如山,那么,梁老在天津呢?他对同仁、对下级、对普通百姓,有关情的故事也是俯拾皆是。

天津人在危难时候依然爱他、照顾他、保护他

"文革"中,梁斌成了"黑五类"时,有人唯恐避之不及,离他远去,而偏

偏天津人表现出来的情义独有特色。那时，冬天全靠以煤取暖，家中孩子又小。身处困境之时，一个送煤工人背着煤满头大汗、毫无畏惧地给他送煤来了。"造反派"一看就火了，堵着门不让进，说："规定不能给'十种人'送煤。"这位工人毫不含糊："我不管十种人八种人，反正我认为梁斌是好人。我就要给他家送煤！我家三代辈辈红，不信你们查去。我怕什么？"而且，他一直冒着风险坚持给梁老家送煤，为什么呢？天津人比任何地方的人都讲"滴水之恩，涌泉相报"。"人家这么大作家、高干拿咱当人看、当兄弟，死我也得送。"原来是"文革"前他常常来送煤，煤卸到后院，梁老总要请他到客厅里坐坐。在沙发上休息一下，喝点儿水，擦擦汗。刚开始，送煤工不好意思，自己浑身上下都是煤灰，怕弄脏了沙发，一迭声地推辞。梁老急了，说："沙发不就是给人坐的吗？"不由分说，一把将他按到沙发上。梁老对待普通百姓是一个很细致的人，他能体会到送煤工是人少活累，这么一大片居民，他们不一定在谁家都能坐一下，所以每次他都让送煤工在这儿擦把汗，喘口气儿，然后再往别家送。

　　"文革"前，清洁工老朱是个孤老头儿，家庭生活困难，梁老就常常送一些钱和粮票给他，老朱感激不尽。"文革"中梁家被造反派抄了150多次，就这样梁老还经常掩护从外地来他家避难的老干部，所以，老朱就主动当起他家的义务哨兵，遇有风吹草动，马上跑来报信，使藏在梁家的老干部躲过了一次次灾难。

后来，梁斌夫妇都进了"牛棚"，家里只剩下从12岁到8岁挨肩儿的3个孩子，孤苦无依。"文革"搞乱了一切，偌大天津城连蔬菜都紧缺，市民得排着长队买菜。梁家孩子没钱，连排队的份儿都没有，可常常是早上打开家门，一捆新鲜的青菜已经放在门外了。当时，吃菜都紧张，要凭副食本定量供应，这是别人家宁可买来不吃也要给他们送。送菜的人很义气，每次都是悄悄送，而且照顾他们的绝不是一个人，谁也不留名。落实政策后，家庭地位恢复，也找不到曾经帮助过他们的人。这就是天津人的情，梁老和天津普通百姓的情。

"文革"结束后，中共中央正式下达文件，梁斌同志享受正部级离休待遇。组织上按规定要给他调房子，配车子、秘书，他说，一概不要，只要我看病的时候派个车能送我到医院就行了。可是有病了，他还是让孩子用自行车推他上医院。他喜欢生活在普通老百姓中间，清晨5点起床，打太极拳，出门散步一小时。回来的时候，小街渐渐热闹起来，人们推出自行车上班，拎着篮子买菜，他总是满面春风地问候，握着大扫帚扫街的、摆摊儿卖菜的、支起案子卖肉的、拉着车送煤的，他都一视同仁，都是与他热热乎乎的老朋友。街坊邻居也不见外，老老少少，统称他为"梁老"。

情，不仅仅是温和善良，也包含嫉恶如仇。一次，梁老就动了恼怒之情：

有位抗战前参加革命的老同志，去世时是个处级干部，去世后遗孀生活比较困难。打电话到有关部门，对方说，研究研究吧，一直拖着未办。老太太觉得委屈，找到梁老痛哭流涕。梁老一听火冒三丈："这像共产党的干部吗？"他不能容忍不给百姓办事的干部。马上把那个部门的负责人叫到家里。一进门，梁老指着他鼻子骂："你们怎么能这样对待老党员？"然后劈头盖脸一通训。梁老资历老，来人只能听着，马上回去向上级领导汇报。上级领导听后，说梁老骂得对，立即批示解决老太太的困难。

情，在梁老身上的内涵，还有宽容

"文革"期间，他被造反派批斗，有个造反派叫他跪到高凳上，问他《红旗谱》是不是大毒草。他说："不是！"那个"造反派"一脚踹倒了高凳，将他重重地摔到水泥地上，半天不能动。一个战争年代出生入死、性格刚烈的老革命，受此屈辱怎能不刻骨铭心？"文革"结束以后，有外调人员来找梁老询问这件事情的过程，梁老如实说了。说完，他问人家调查的目的，来人说，事情

搞清楚以后,要给他定"打、砸、抢的三种人"。梁老听了,马上说:"要了解事情过程,我如实介绍;如果要处理人,我就不说了。那个人还年轻,今后的路还长,只要他能汲取教训,改正错误,就行了。"事后,那个人听说了这件事,感动得直掉泪:"没想到梁老能这样宽宏大量,我忘不了这份情!"

人们仍在追思他、学习他、缅怀他

近年掀起的梁斌热,有着重要的现实意义和深远的历史意义。究其原因,是当前的社会现象、时弊,使人们渴求多出现一些当代的梁斌。且不说他的《红旗谱》一书,自1957年由中国青年出版社印刷第一版以来,已发行600多万册,被翻译成7国文字,并改编成电影、电视剧等,为文学艺术作出了重大贡献。就是在名利面前,也少有随其后者。

我现在在文学艺术管理岗位工作,最难摆平的就是"官位"太少,分之极难,仅大量的思想工作就令我苦不堪言。可谁能知道梁斌为了一心写作,三辞高官之举呢?第一次,解放初期,时任湖北省委书记的李先念,调他担任武汉日报社社长,还请他到家中吃饭,特意为他端上当时已近乎奢侈的一碗鸡蛋,但梁斌却作出了异乎寻常的决定:辞官为文。鸡蛋白吃了,怎么办呢?这时,中央文学研究所所长田间来了封信。他听说梁斌想搞文学,便希望他能到文学研究所工作,任机关党支部书记。梁斌见信如获至宝,立刻回信:"我同意,请即刻发调令。"

上任后,没想到一个支部书记的活儿也不少,又提出回老家,重温乡情。他找到时任华北局组织部领导的陈鹏,梁斌刚一开口,陈鹏便说:到天津去吧,去当副市长。南辕北辙了。后来,梁斌又找另外几位领导,经过几番周折,陈鹏也被感动了,说:"现在革命成功了,找我要官的多,还真没听说烦人辞官的。你在河北省文联挂个名,专心写作吧!要把'四一二'反革命政变写出来,国民党杀了我们很多同志呀!要写上!高蠡暴动,二师'七六'惨案,血债累累呀!写上,写上,都写上!"说着,动了感情。梁斌说:"好!我一定把它写好,如果我写不好这部书,无颜见家乡父老……"

不写好《红旗谱》,无颜见家乡父老!这句话的分量是一种沉甸甸的情啊!

《红旗谱》,这是第一部反映农民革命斗争的史诗,在一定意义上洗刷了党内对农民"自私、狭隘"的认识,体现了对农民深厚的阶级之情;那些牺牲了的战友要载入革命史册,寄托了他对战友的深深怀念之情;要总结我党革命斗争的成功经验和教训,是对无产阶级革命事业奋斗终身之情。这个情所以是沉甸甸的,是因为他挣脱了名缰利锁,把写作看成责任与使命。

在20世纪90年代,一位西班牙专门收藏各国著名作家著名作品手稿的人拜访梁斌,并与梁斌进行密谈。送走西班牙收藏者,孩子们问他出多少价,他反问道:"你们猜猜,开价多少?"孩子们说:"10万人民币。"梁老大笑道:"10万美金!"笑过了,他将手一挥,说:"10万美金也不卖!我的手稿属于人民!"是啊!10万美金他不要,却将手稿无偿地捐给了正在筹建的中国现代文学馆!

他无偿捐献的是所存的全部手稿。摞起来比他的身高还高,是他用泪、用血写出来的,是他用命、用人格保存下来的。为此,文学馆的工作人员特意为梁斌与这一人多高的手稿拍了照。照片上,梁斌笑得很开心。

现在每当我们到现代文学馆,在二楼展厅见到他的手稿时,心情总是不平静的。仿佛我们看到的不是手稿,那字里行间跳动的是梁老的心脏节拍,是对人民深厚感情的韵律,是为我们吹响进军号的音符。

现在有的艺术家稍有名气,便表现出了极不安分,涂鸦几笔、写字几个,就去掏老百姓的腰包。梁老也写字画画,当今有几个艺术家能比得了梁老的新文人画呢?著名国画大师黄胄说:"梁斌的画和文学创作一样,充满激情和希望。看过他的画的人,都认为散发着新时代的书卷气,表现意象凝重厚积。"可是梁斌一生创作的8000多幅书画作品,除3000多幅毁于"文革"之火,余下的5000多幅,大部分都送给故友新朋、普通民众,都是无偿赠送。

情,是梁斌先生一生中大写的富矿,梁研会人就是挖矿人,我希望他们在研究过程中能够"挖"出更多的情!

嘛叫天津人的「角儿」

嘛叫天津人的"角儿"

——话说著名京韵大鼓表演艺术家骆玉笙

"角儿",音"觉儿",天津人管演艺界的"大蔓儿"不叫"大蔓儿",而叫"角儿",叫"角儿",其中包含尊敬、崇拜、爱戴的意思,如羡慕某个演员,会说:"人家那才是'角儿'!"天津人爱"角儿"、捧"角儿",也培养"角儿"。

在我国曲坛上,有一位红遍津城、走向全国、令人永远不能忘记的"角儿"——这就是艺名小彩舞的骆玉笙。日前,骆玉笙生前好友孟然、弟子罗君生合写了一部长篇《骆玉笙传奇》,嘱我写序。翻看厚厚的书稿,我的心灵又产生一次次震撼,她的艺术道路令人称奇,她的种种磨难触目惊心,她在我的心目中,台上、台下都是一位让人肃然起敬、非常了不起的"角儿"。

在令人吃惊中成"角儿"

她4岁在上海大世界登台,她的出现,不是自己走上台的,也不是让人抱上台的,而是在观众出其不意中,由其养父骆彩武"变"出来的。骆彩武是戏法艺人,那天,他身穿古典戏法的大褂,手拿"挖搭(即变戏法时蒙盖的那块布)",先变出来带火的、带水的、各种盆、碗、罐、水果、鲜花和鱼之后,"挖搭"往肩上一披,喊一声"嘿——"变出一个小孩儿,一束灯光照在小女孩儿身上,只见她只有三四岁,粉白的小脸上一双比常人都大的、闪动着智慧的眼睛,蓬松的小发辫,犹如从天而降的"小天使"。

就在观众还没有回过神来的时候,戏法艺人已经操起了胡琴,小姑娘随

着琴声，一板三眼地唱起了"小东人、下学归……"这是京剧《三娘教子》中老薛宝的唱段，全场轰动了。观众一边鼓掌一边赞叹："唉呀！这小妮子太奇怪了，这不是个'小怪物'么?!"于是，大把的洋钱、银角子、铜板从台下往台上扔。

第二天，"大世界"游乐场的广告牌上又多了一张醒目的大海报——四岁的"小怪物"清唱二黄。

上海滩的"小怪物"在十里洋场引起轰动之后，在1923年春天，又轰动了一次武汉三镇。"名角儿"孟小冬在汉口演出新编京剧《宣统招亲》，孟小冬饰宣统。那天晚上，当剧中的皇后(白牡丹饰演)被花轿从观众席里抬到舞台上时，宣统(孟小冬饰)、皇后及文武大臣集中在舞台一侧，舞台另一侧临时搭了个高高的小舞台，9岁的小玉笙扮上妆，身穿八卦衣、手摇羽毛扇、头戴纶巾，俨然一个小诸葛亮。由捡场人把她举到小舞台上，那儿还有一个小城楼，她上不去，仍然由捡场人把她抱上去，胡琴拉了过门，她手摇羽毛扇一板一眼地唱开了："我正在城楼观山景，耳听得城外乱纷纷……"头一句就得了个炸窝的满堂好，连台上的京剧演员们都不住地叫好，从而把整场演出推向了高潮。

与孟小冬同台后，养父想让她将来成为京剧界第二个女老生，为她聘请老师，教会了她四五十出老生的重头戏，像"三斩一碰"，即《辕门斩子》、《斩马谡》、《斩黄袍》和《碰碑(李陵碑)》、《朱砂痣》带认子、《打棍出厢》带出厢、《四郎探母》带回令，还有《梅龙镇》、《武家坡》等，而且包括唱、念、做、打。而养母则不然,她认为唱大鼓来钱快。为此事,养父养母经常吵架,争吵不休。没办法,在1931年,也就是骆玉笙17岁时,改唱了京韵大鼓。但扎实的京剧功底为骆玉笙日后创立"骆派"京韵大鼓打下了坚实基础。

令人吃惊的是,她改唱京韵大鼓后,没多久便要去跨越津门曲坛的"龙门",因为业内有句话,要想立足曲坛、成名成家,必须让天津观众和同行们认可。这个决定得到了他的师父、也是为她伴奏的"三弦圣手"韩永禄的支持!

1936年8月16日(农历六月三十),22岁的骆玉笙和师傅韩永禄来到天津卫,没想到一联系演出便碰了"钉子"。

他们先到"天晴"书场去找熟悉的京韵大鼓演员林红玉。林红玉正在那里演出"攒底"。出于热心,便向书场经理介绍了骆玉笙,经理看了一眼骆玉笙,便不无嘲讽地指着台上对骆玉笙说:"你听见么?台上石岚云唱的是京韵大鼓,一天才六毛钱,你……"他的话还没说完,骆玉笙便拉着师父离开了。人家不欢迎,怎么办呢?

当年,在天津各主要杂耍园子挑大梁的主演除了京韵大鼓三派创始人刘宝全、白云鹏、张小轩以外,尚有梅花鼓王金万昌、梅花歌后花四宝、单弦大王荣剑尘、相声泰斗张寿臣、鼓界三绝之一的铁片大鼓王佩臣、时调三杰之一的赵小福等等。在这样一个藏龙卧虎之地、名家荟萃之所,竞争非常激烈。

万事开头难,师父通过找关系送礼,中原游艺场(现今百货大楼三楼)才答应试演几场。因为是外地来的,人家没听过,只能唱个中场。攒底是陈亚南、陈亚华兄弟的魔术,倒二是小蘑菇(常宝堃)和赵佩茹的相声。头一天她唱的是《击鼓骂曹》,没想到效果非常好。第二天唱《大西厢》、第三天唱《七星灯》。三天演出下来,轰动了津门:"南边来的大鼓妞儿嗓子真叫冲!……""她的嗓子是越唱越高,最后还拔那么高,真是天下少有。""她不烫头、不搽粉,与众不同啊!"不久,中华电台又请骆玉笙去电台演唱,通过电台广播,小彩舞的名字逐渐在天津观众中传开了,每天都有人往电台打电话,询问小彩舞的来历。紧接着"小梨园"开业,她一跃而成为"攒底"的头牌。

　　1940年8月21日《东亚晨报》载《宝全、彩舞互奏佳曲》的评论,骆玉笙在"小梨园"唱红了!前后台都叫她"角儿"或称为"小老板"。而且,曲艺演员的名字在劝业场附近的"小梨园"第一次出现在耀眼的霓虹灯上,闪着"金嗓歌王小彩舞"七个大字。

　　她以惊人的速度成"角儿"了,她的师父韩永禄以幽默的词句,诙谐的语言,借用古代琴、棋、书、画四艺的谐音,向旁人夸耀她说:"彩舞这孩子勤(琴)奇(棋)输(书)话(画)都占全了"。

　　勤(琴)是指她学段子勤奋。

　　奇(棋)是夸她嗓子出奇,好像有泉眼,从未哑过。

　　输(书)指她打麻将牌从来没赢过。

　　话(画)说她话多,成天爱说话。

　　骆玉笙不但在天津垮越了"龙门",而且立足天津,创立了"骆派"京韵大鼓,成为观众喜爱的"名角儿"。

　　这个"角儿"在71岁的晚年,又做了一件更让人吃惊的事,一曲《四世同堂》主题歌《重整河山待后生》红遍全国。

　　那是1985年2月,雷振邦的女儿雷蕾和作曲家温中甲来到天津骆老家中,邀请骆老给电视剧《四世同堂》唱主题歌。骆老说:"这个事儿你们还得先找组织,我听组织的。不论大、小事,我从不背着组织。"当时,是我在团里主持领导工作,当然支持。雷蕾便给了词谱,骆老帮助修改唱腔,一周后即到北京去录制了。等她们在北京录完音后,她的弦师张子修、韩宝利兴奋地到我办公室说:"震了!'老太太'这回把北京的大导演、作曲家、指挥和交响乐团全震了,他们都为'老太太'能唱这么好而吃惊!"然后他们说:"刚开始,咱看得出来,人家瞧不起咱。一到北影,《四世同堂》的导演林汝为、作曲家雷振邦说:'请您进录音棚吧!'嚯!进去一看,黑压压的一大片,乐队至少有四五十人,京韵大鼓让这么大的一个管弦乐队伴奏还是头一回!那些乐队的人们也是一愣,他们给许多歌唱家伴奏过,可给这么一位白发苍苍、深度近视、小矮个儿、走路都要拄拐杖的老太太伴奏却是头一遭:'行吗?''唱歌的一上岁数就完了,这老婆儿70多了吧?''谁定的?'这时雷振邦喊了一声'开始!'骆玉笙耳边响起了沉重的鼓声和悲愤、激昂的合奏,由弱到强、由慢到快,她不含糊,8 句 48 个字两三分钟就唱完了。忽然,乐队全体起立,响起了热烈的掌声,拉大提琴的那位乐师一手拿弓子一手敲着琴,骆老一愣,忙问导演:'是哪位首长来了? 给谁鼓掌呢?'林导演和雷老都笑了,'给您鼓掌哪! 您一进来时,人家就泄气了,没想到您唱得这么好!'"韩宝利接着又说:"咱把他们全唱傻了! 他们没见过这样的'角儿'。"

的确,是"角儿",就要有别人比不了的"能耐"! 您想想,哪个唱大鼓的敢跟当红歌星在几千人的体育馆同台演出呢? 而且歌星在她的前边演出,行里通俗地说:歌星给老太太垫场。

1985 年,骆玉笙被评选为"影视十佳歌星",五十年前的"金嗓歌王"如今又是"十佳歌星"。十月的徐州市体育馆人山人海,"新时期影视十佳歌手评选竞赛发奖大会"隆重举行,骆老的演出排在倒二,恰在刘欢之后。刘欢的一曲《雪城》主题歌当时正红,他连唱三支歌观众仍不满足,掌声哨声连成一片。舞台监督束手无策,只好让骆老顶着上场。后台许多人心想这场可怎么接呀! 这样顶着上容易给轰下来。可是骆玉笙老太太却和平日一样,不慌不忙地走上舞台,随着音乐只敲了几下鼓,台下就爆发出热烈的掌声,一曲《重整河山待后生》,轰动了全场。骆老声情并茂连唱两曲,观众仍然热烈欢迎,要求再唱,骆老下台后,李双江说:"骆老,您的演唱方法和嘴里的功夫我们比不了!"

1990 年 6 月 22 日,由成都市政府、中国音乐家协会、中国电视艺术家协会、《人民音乐》编辑部、《当代电视》编辑部、中国音乐家音像出版社联合主办的新时期全国优秀电视歌曲颁奖音乐会在四川省体育馆举行,骆玉笙同刘秉义、关牧村、殷秀梅、李玲玉等同台……

在 15 首获奖歌曲中,电视剧《四世同堂》主题歌《重整河山待后生》获得一等奖。当节目主持人、黄梅戏艺术家马兰报出骆玉笙的名字后,全场掌声雷动,骆老除了演唱《重整河山待后生》,还返场唱了《丑末寅初》,也是由管弦乐队伴奏,台下青年人随声哼唱。散场后很多观众涌向后台,手拿节目单要求骆老签名,观众说:"我们很喜欢这首歌曲,在电视剧播放时就学会了,没想到演唱者竟是一位 70 多岁的老太太! 听声音我们以为是年轻人唱的,这次一看,让我们大吃一惊!"

这首主题歌不仅赢得了热爱曲艺的中老年朋友的欢迎,也受到了不熟悉曲艺,甚至根本不知道京韵大鼓是什么的青少年朋友的喜爱。骆玉笙的演唱为普及曲艺、普及京韵大鼓立了一大功。

这就是一位天津的鼓曲演员,一生中多次受到党和国家三代领导人的亲切接见,三进怀仁堂演唱。在71岁高龄时,还当选为中国曲艺家协会主席。

磨难陪伴"角儿"成长

成功总是伴随着磨难。任何一个"角儿"的成长,都不会是一帆风顺的。

骆玉笙的一生充满坎坷,不知生身父母是谁,也不知自己是哪里人,她在6个月时,被人卖给了戏法艺人骆彩武。由于营养不良,她的小脸小手都那么皱皱巴巴的,小脑袋瓜比拳头大不了多少,但两只大眼却很有神。

养母骆冷氏是镇江冷小村人,原本也是贫苦出身,幼年曾给人家当童养媳,后来被人贩子拐卖给人做了姨太太,不久又被卖入娼门,以后她自赎自身跟了骆彩武。养父骆彩武,是一位心地善良富有同情心的江湖艺人,从不打她。而养母就不同了,她指望花钱买来的养女成为她的摇钱树。在旧社会,很多女艺人都是从人贩—养母这个渠道进入这个可悲的行列。玉笙的养母久混风尘,为了赚钱也买过、租过姑娘招揽客人,拉不来客就挨打。后来租的、买的姑娘先后都跑了,养父就劝她洗手不干了。

骆玉笙怕养母,小时候她爱唱,高兴时唱起来没完,等人一走就挨揍;有时不想唱也得唱,唱不好也挨打;上台演出时,前台观众围着给钱,她那时只认铜板,不先去捡洋钱和角票,为此回家也挨打;在家里吃饭也常挨打。一次她多夹了一块松花蛋,养母来了气,把一盘子松花蛋全扣在她头上,还不解气地说:"吃!我叫你吃个够,不把这一盘子吃完,我饶不了你!"说着,一个大耳光打在脸上,把脸都打肿了……

她是养母的使唤丫头。一次去外地演出,晚上得到锅炉房给养母打洗脚水,可后台放了一口棺材,去锅炉房要路过这个地儿,她自己不敢去,便叫上比自己大一岁的师姐,两个小女孩儿手拉手提心吊胆一步一挪地总算摸到了锅炉房。玉笙个子小,只能站在凳子上舀热水,舀完热水想从水缸里兑上凉水,一弯腰掉进水缸里,水缸又深又大出不来,急得在缸里直哭。一起去的小孩儿吓得在缸外哭,幸亏一个看门的老人发现了,才把她抱出来,送到养母那儿。大伙儿七手八脚把她的湿衣服脱掉,拿床棉被盖上,等人一走,养母掀开被子,抄起鸡毛掸子一顿乱抽,打得小玉笙满床打滚。原来养母心疼那件小棉袄,不管孩子的死活!

解放前,她在天津唱红了,成"角儿"了,也挨地痞恶霸欺侮。有一次上堂会,刚要唱,那个具有恶势力背景的主家便说:"你会多少段?"骆玉笙说:"四十几段!""好! 今儿你把这四十几段都给我唱完了!"惹不起呀,骆玉笙含着眼泪开始唱,旁边人赶紧说情,这个主家最后骂了一句"一个臭唱大鼓的有什么了不起",这才罢休。

1966 年"文革"开始了,骆玉笙被打成"牛鬼蛇神",抄家,批斗。关进"牛棚"隔离审查以后,每个月只发给 25 元的生活费。她是曲艺团的"三名三高""三开三靠"的头号人物,随时会被拉出去"批斗",让她站在大卡车上,到她所有演出过的工厂,接受批判,为她演唱过的曲目"消毒"。

强迫她劳动:烧锅炉、打扫厕所、洗衣服、刷鞋……冬天顶着西北风在四楼的平台上团煤球,"造反派"还指着她的鼻子喝斥:"你怎么还不死啊?! 你就是死了,也进不了'北仓'!"这对身处逆境的骆玉笙来说,真是到了求生不能求死不得的境地。

但骆玉笙挺过来了,她靠的是自幼养成的逆来顺受和自信自强、不屈不挠的性格。

1969 年骆玉笙随团下放到宝坻县农村劳动锻炼,55 岁的她从天津走到宝坻农村,白天下地干活,晚上五六个人挤在一铺小炕上。拔麦子是农活里最累的一种,这本是壮劳力的活儿,她力不能及,头顶烈日、脚踩热土、低头弯腰地干,腰酸腿疼,拔着拔着支持不住,蹲着、跪着、爬着……眼神不好什么也看不清了……晚上收工,一步一挪,这时一位老乡认出骆玉笙,走到她身边悄声说:"你是小彩舞吧? 我听过你唱的京韵大鼓,可要注意身体呀!将来我们还要听你唱呢!"这句话犹如黑夜里一盏明灯,使她平添了无限的勇气。不久"工宣队"通知她,可以带领青年演员早晨喊嗓子练声,她每天天

不亮就起床，深一脚浅一脚地挨门挨户去叫、去请那些学员们，孩子们贪睡叫不醒，有时还骂她："老白毛儿，讨厌！"她不闻不问，依然一心一意自己示范喊嗓子。下雪天儿，她就让儿子骆嘉平用自行车驮她去，即使只有一个学员她也照样从低到高教发声，每次她都从积极的方面去理解。

可她越是谨小慎微还越出错。一次她带孩子们去代号为"641"（即大港油田）"的厂子慰问演出，在院子里有人碰见她问："老太太，上哪演出去？"她说："去慰问，慰问'516'。""啊！'516'是反动组织？!""哟！我错了！"结果是又"请罪"又是挨批。她"戴罪"教学，在黑板上写唱词，最末有一个惊叹号，她竟把点儿点在上边成了"i"，也得做自我批评。当工宣队让她培养接班人，并明确提出让她教"骆派"时，吓得她赶紧说："不！我是革命派！"

那时，把人搞得无所适从。一次她跟学员一起坐公共汽车，抢着为学员花5分钱买了一张票。第二天，她找到这个孩子要钱："你还欠我5分钱呢？"旁边的人捂着肚子乐，说："这个老太太怎么了？"过去，她都是怕孩子们吃不好，把她们请到自己家千方百计做好吃的，给孩子们增加营养、改善生活，现在是怎么啦？当有人问她时，她说："我不能腐蚀革命小将，别斗我！"

有些事确实有些不可思议，到了晚年，有人说她嗓子比以前还长了一个调门儿，便问她："您怎么80多岁了还能唱呢？"她说："磨难有时也是好事，我的嗓子就'感谢''文化大革命'，每天早晨教学员的同时，把自己的嗓子也喊出来了。"这是多么乐观啊！

信念使她永远是"角儿"

骆玉笙一生中几经磨难、历尽坎坷，她有着太多的痛苦和灾难，可为什么她能如此坚强呢？支撑她的是坚韧不拔的性格、意志和信念。

和她生活了26年的丈夫赵魁英，"文革"中被关进"牛棚"备受折磨，落实政策后当了戏校的校长，却又不幸于1980年病故，那次丧夫之痛没有把骆玉笙击倒。紧接着她又遇到了人生的最大灾难，她唯一的爱子骆嘉平，是第61中学的教师和教导主任，在1992年4月1日突发心脏病，突然离开了人世,年仅 57 岁。她把太多的希望都寄托在儿子身上了,在那苦难的岁月里,母子相依为命,送他上大学,帮他成家立业。老年丧子、中年丧夫、少年丧母(她压根儿就没见过亲生父母)人生最痛苦的三大不幸,骆玉笙无一幸免。她能挺得住么?所有曲艺界的同仁都为她捏了一把汗。

她没有垮,而且在众人面前没有落一滴眼泪。因为,有一种信念支撑着她,那就是"我还得唱"。十天后,她毅然决然地要参加在郑州举行的全国小品大赛,她对劝她的人说:"我是曲协主席,这个活动我不能不参加,而且预订有演出,票都发了,我不能对不住观众。"在郑州演出前,她特意嘱咐主持人姜昆:"主持时,千万别提我家里的事,我不愿让观众为我难过!"她在这种时候想到的还是别人,不愿意让观众因同情而为她鼓掌,她的这一番话让在场的人都落了泪。那些日子在河南各地连续演出,甚至有时一天演两场。接着又到北京去录制《曲苑杂坛》,一直坚持演出了 20 天。

她肩负着全国曲协主席的重任,为曲艺事业走南闯北奔波劳碌着,她不顾年迈体衰先后到河北唐山、安徽合肥、山西太原、河南郑州、重庆涂山、江苏无锡、广东、深圳和京郊的农村去调研和慰问演出。1992 年 7 月骆玉笙荣获美国纽约美华艺术协会颁发的"终身艺术成就奖"。

1997 年 7 月 1 日,是香港回归祖国的日子,她就请王济同志为她写一段庆祝香港回归的唱词。天津电视台在 7 月 1 日正式播放了骆玉笙演唱的《庆回归》。

1998 年为旧历戊寅年。骆玉笙属虎,是她 84 岁的本命年。骆玉笙演唱了由王济同志创作的曲目《虎年唱虎》。

1999 年春节,骆玉笙先生又率领弟子刘春爱、王冠丽、李光荣及再传人李想、冯欣蕊等在天津电视台演唱了由曲艺作家朱学颖编写的新曲目《不老青松》。这是她生前演唱的最后一段曲目。

在生活中,骆玉笙也是个令人钦佩的"角儿"。80 多岁以后依然如此,不管遇到什么问题她都能泰然处之,是一位集多才、多艺、多寿于一身的古今中外并不多见的艺术家。

在生活中她有"四乐":

一是"助人为乐"——凡是对国家、对人民、对曲艺事业有利的事,她都

尽量努力去做、做好。

二是"苦中做乐"——生活中即使有苦(老年丧子),一拿起唱词、一有演出任务就什么都不想了。

三是知足常乐——她对自己的一切都满足,就是对事业、对艺术永不知足。

四是自得其乐——总是为演唱中的一个唱腔苦思冥想,不管是到外地开会还是演出,她都会在奔波忙碌中自寻乐趣。骆玉笙一生中对人对事都是"忍""宽""乐"。

她不是普通的一位老人,她是一位有事业心、有追求、终生都在为鼓曲艺术的繁荣、曲艺事业的发展而不懈努力的老人。

2002年的4月,骆玉笙在天津总医院特护病房接受了最后一次采访。记者问骆老:"您现在最大的心愿是什么?"只见骆老沉吟片刻,忽然拿过纸笔,略显颤抖地写下"希望后继有人"六个大字。

5月5日凌晨1时40分,骆玉笙大师走完了她人生88年的漫漫长路,在天津医科大学总医院停止了呼吸,正是"剑阁铃声犹在耳,白发鼓王驾鹤归"。

骆玉笙——我们永远要怀念的天津的"角儿"。同时,我们也能永远记住他老人家写下的"希望后继有人"六个大字,相信和期盼天津能多出好"角儿"!出骆玉笙这样的"角儿"!

嘛叫天津人的「真格的」

嘛叫天津人的"真格的"

——话说著名油画家秦征

"真格的",是首先求真,真性情、真规矩、真本事;格,是格调、格式、格律,不出格儿,即有板有眼。天津人爱讲真格的,也能动真格的,谁没有真格的都不行。在艺人圈中说,只要过了天津码头这一关,就能走遍全国。叫"北京学艺,天津唱红,全国赚钱"。为什么呢?有人说天津人懂戏,这只说对了一半。最重要的是,天津人要看真格的,演员也必须动真格的。不管你是多大的"角儿",没真格的可不行。记得20世纪30年代,马连良在中国大戏院演《王佐断臂》,一不小心,袖中断臂动了一下,台底下"抗议"的茶壶就飞台上去了。马老板当即谢罪退票。多年后重来津城,让观众看了一场真格的才算了结。除了演艺界,其他艺术门类也是如此,因为,天津爷们儿要的就是真格的。

文化是一个城市的重要符号。自从京津铁路城际特快开通以来,我时常到天津东站迎来送往。无论是艺术圈中的客人还是我自己,每每看到穹顶上那幅卓然不凡、典型巴洛克风格的巨幅油画《精卫填海》,都感觉是一种震撼,一种骄傲。外地同仁也异口同声,夸咱天津美术界拿出来的可是真格的。这幅画已经悬挂22年了,谁能突破呢?我也说句真格的,近年来全国各地许多号称标志性的建筑,层出不穷,相伴其间的穹顶画创作也时有出现。而无论如何,《精卫填海》在全国的首创和示范地位却是一直无人撼动的。这也就使我想起指挥和领衔创作这幅画作的今年已86岁高龄的秦征。天津市文联正在筹备为秦老主办从事革命文艺工作70年庆贺活动,其中的

一个重要主题,就是文艺工作者在天津市"构筑三个高地,打好五个攻坚战"中,能否更多地创作出像《精卫填海》这样的经典之作。尤其是在打好文化大发展、大繁荣攻坚战中能像秦征那样,敢动真格的、能亮真格的、可看真格的、真有真格的,能做一位不负于我们这个时代的文艺工作者。

花甲之年上前线敢动真格的

大家都知道,中国古典故事中有花木兰女扮男装替父从军之事,而较少听说,在我们天津卫有一位62岁的老人非要上前线的壮举吧?那是在20世纪80年代,南部边境战火蜂起。时任中国美术家协会党组书记、副主席兼天津市美协主席的秦征果敢地提出,美术工作者不能缺席。他从天津挑选了杜滋龄、邓国源、李永文、孙建平等几位画家,要亲自带队赴前线。因为前方战事激烈,他又年逾花甲,身担要职,组织上迟迟不予批准。天津的许多老友也劝他:"干嘛啊?这么大岁数了,组织不让去就别去啦!""不行!新时期的美术作品不表现我们可敬的将士就是失职。"怎么办呢?申请一直递到了中央军委。战争年代过来的部队首长,不少人都知道这位"小八路画家"。

秦征1937年7月以优异成绩考取了河北保定育德中学,但日寇进攻卢沟桥的隆隆炮声,使这位年仅13岁的少年成了一名"小八路"。入伍不久,他在部队驻地用白灰、锅烟、红土,外加一罐坑水,在大街土墙上用刷子和布团绘制了一幅壁画《大刀向鬼子们的头上砍去》。没想到此画竟成了当地军民抗日情绪高涨的燃点,人们在画前宣誓,部队在画前出发……就是这幅画,彻底改变了秦征的人生轨迹。1940年"百团大战"前夕,秦征结识了从延安来到华北抗日前线的老木刻家沃渣,便开始了正规学艺。战斗中他目睹了平山妇女担架队冒雨强渡滹沱河的惊险场面,女队长打摆子发高烧,却背起伤员率先踏进湍急的河流……当夜他就创作了《妇女担架队长》的木刻,发表在第二天的《支前战报》上。当地青年妇女看了木刻画后,各村庄接二连三地组织起青年妇女救护组、军鞋组和支前担架队。很多战争年代的军人都熟知他的《夏锄》、《军民秋收》、《号角》、《上前线去》等颇具影响的

作品。

　　所以，中央军委的领导，能理解一名老军人在战火面前的心情。"他行！""全国只能批准秦征！"时任总政文化部长的著名军旅诗人李瑛，报请总政余秋里主任特批了他的申请。1986 年 1 月，秦征率领天津美术工作者，代表中国美协慰问团，乘坐专门给他们派出的军用飞机，由北京直飞前线。行前，余秋里主任还亲自给广西部队政委打电话，严令："你们要绝对保证秦征的安全、保证慰问团的安全。"

　　"要上就要上最前沿！"一下飞机，秦征就固执地向护卫他们的营长提出了"苛刻"的要求："我经历的战斗比你们多，放心吧！有我在就有慰问团在。"其他团员也都表示："咱虽然没当过兵，但咱是天津爷们儿，嘛事儿也不含糊。"连续一个多月，秦征率慰问团钻碉堡，进战壕，为将士们写字、作画，与战斗英雄座谈、采访，同吃同住。危险，从始至终无处不在，但天津爷们儿都毫无惧色。秦征熟知多种武器性能，还教会了大家如何躲避炮弹、防冷枪。

　　事后，南宁部队向上级报告：秦征率领的慰问团，是距战斗一线和死亡

最近的,而且是唯一的一次慰问,堪为最具挑战性的英勇之旅。

赴前线给战士们带去了祖国人民的慰问,送去了欢乐,锻炼了新时代的美术工作者。而且,还诞生了一批反映新时期战争题材的作品。秦征创作的写生油画《古榕战道》,参加了1987年的全军美展。作品中,在一株参天蔽日、根系发达的大榕树的庇护下,一条幽深而古老的栈道曲曲弯弯通向远方。画中题注,这棵大榕树原是100多年前抗法战役中的老将军冯子材亲手栽种的……参观者异口同声地赞叹:"不去前线,怎么能有这样震撼人心的作品问世呢?!"此外,秦征还创作了《白头吟·鱼水篇》、《古稀之年》、《乡村教师》等一批战地素材的人物画作品。

这件事,也使天津美术界让全国同仁刮目相看。"敢吗?""谁敢?""生死面前,天津美术界的爷们儿,敢动真格的"。

艰难时刻能亮真格的

谁能?谁能亮一下真格的?一个难题摆在了天津美术界面前。

始于1987年的天津火车站改造工程,进入冲刺阶段。原本车站大厅的穹顶设计为满天星,中间是金碧辉煌的鎏金大吊灯,为此还特别向国家申请了2公斤黄金。1988年春天,时任天津市委书记的李瑞环访问欧洲,在罗马西斯廷教堂被米开朗基罗的穹顶画《创世纪》所震撼。既然西方能有希腊神话中维纳斯这样爱与美的女神,有着五千年文明史的泱泱中国,为何不能在表现自己精神凝聚力的时候,有着同样的追求呢?回津后瑞环同志提议,给圆形大厅绘穹顶画。并多次召集专家会议,就绘画内容,请大家亮招。方案很多,如嫦娥奔月、天女散花、哪吒闹海等等,却都觉得这些题材过于流俗,缺乏新意。征求秦征意见,秦征提出《精卫填海》,瑞环同志一锤定音。内容定了,可随之而来的创作问题太难了。工程几近大半,车站的构架都基本立起来了,离10月1日竣工开放日期只有4个多月的时间。行内人都知道,一幅有创意的小油画也得两三个月才能完成啊!这幅直径40米、高21米,中间是由10根石柱围成的600平方米圆拱形穹顶油画,谁敢接啊?!不光是土木工程十分浩繁,作地子,贴麻布,水泥加玻璃纤维等等,这在国内肯定是前所未有的创作。有人形容不啻为"挟泰山以令北海,非神力所不能及"。市里几次点将,都无人敢应。最后李瑞环同志亲自到秦征家中,一句"非你莫属",拍板定案了。他是战士,服从命令是天职。

"有嘛困难?""我就怕创作过程中众口难调,无所适从。""好!我允诺你三条:官拜东站副总指挥;绘画的人力、财力由你调配;如何创作由你定,你说了算。"双方都动了真格的。空口无凭,以文字为证。第二天就由市委秘书长黄炎智送来了盖有天津市人民政府大印的"授权书。"

不能亮真格的行吗?这幅油画,有我们天津油画家的志气、骨气、豪气。他调来了他在

秦征的油画作品

天津培养的学生王玉琦、吴恩海、马园、王小杰、高冬等人。提出以精卫精神画精卫。要求他们在艺术上、思想上、创作思路以及工作强度上都能亮真格的。64岁的他,和5位青年画家站在20多米高的工作台上,在10个1000度碘钨灯的照射下,赤膊短裤,挥汗如雨,每天仰着头最少工作12个小时。海天茫茫,海浪翻滚,云朵飞舞,在七个背生巨翅的仙女簇拥下,正中间头顶彩虹的女神精卫驾风驱雨,婀娜多姿。飘逸的长发,雷电似的翅膀,像利剑一样劈开厚厚的云团,将碎石抛入大海,激起冲天水柱。还有飞翔的童子,振翅的海鸟,一起沿圆形的宇宙飞旋着。营造出一种人神合一,移山填海,集爱、美、顽强、刚毅和力量于一身的、动人心魄的博大恢弘气势。

有胆识和雄心的艺术家创作的任何艺术作品，一旦被赋予了鲜明的时代性，与波澜壮阔的历史洪流相融合，它的价值和影响力都是非凡的。这也是在粉碎"四人帮"之后，第一次突破了心照不宣的裸体画的禁忌，把一幅反映中华民族与天斗、与地斗的可歌可泣、不畏艰难、顽强拼搏精神的作品，置于"大雅之堂"的穹顶之上。这本身就是天津人思想解放、不断进取的标志与象征，也寄托着1000万天津人创造美好未来的决心和希冀。

"秦征惹祸了，他愣敢在东站穹顶画了一群光屁股的女人。"从那个年代过来的人都知道，有个"反精神污染"运动。"秦征要倒霉了。"一时舆论哗然。秦征毫无惧色，他几次在不同场合表态，"政治责任由我一人承担，与旁人无关"。那个阶段，大家的心始终悬着。直至工程竣工前的某日夜晚，李瑞环陪同中央负责意识形态的一位常委亲临车站视察，给予正面肯定，并连夸"好！好！你们的胆子真大"的时候，大家心中的一块石头才算落了地。当时的海外媒体，甚至把此画视为"观察大陆改革开放进程的参照物"。当然，它在艺术上的成就和地位，也是毋庸置疑的。

天津人能亮真格的，时间和实践也证明了这一点，有人说：这幅画可以与国外那幅描绘风云激荡的法国大革命背景、被人们纪念了几百年的《自由引导人民》的著名油画相媲美。

敢为人先得看真格的

生死关头敢动真格的，困难面前能亮真格的，而在人才培养工作中怎么办？这可不是一蹴而就的事，让秦征费尽了心思。20世纪70年代末，天津的美术落后了，在全国美术大展评选中，天津几乎与前三名无缘。青年人才匮乏，创作出的作品没有生命力，这让秦征如坐针毡。尤其是1980年他当选为天津美术家协会主席以后，人们要看他怎么样拿出点儿真格的，如何打个翻身仗，如何尽快出精品，出人才。

大家看见了真格的，秦征以花甲之年身体力行，每年几次身背画箱，亲自带领有发展潜力的青年画家和研究生深入生活。生活是文艺创作的唯一源泉。"要走遍祖国的山山水水，通过艺术语言和人民进行面对面的心灵交谈"，这是秦征打翻身仗的绝招与雄心。80年代初，他带队几上太行山，在实践中言传身教。何家英、邓国源、李永文、孙建平等一大批青年画家因此脱颖而出。在全国第二届青年美展上，天津一批青年美术工作者所创作的国画、油画史无前例地有10余人获奖，并直接取得了加入中国美协的资格，一举扭转了天津美术界无缘获奖、裹足不前的沉闷局面。现任中国美术家协会副主席、天津画院院长、被誉为开宗立派的工笔人物画家何家英不无感慨地说："我在全国美展上首次获得二等奖的作品《春城无处不飞花》，就是秦老带着我在葛洲坝画的，紧接着获奖的成名作《十九秋》和《山地》，是秦老带着我在太行山创作的。那时候深入老区可不是走马观花，是见真格的，要有创作计划、思路、设想，每张画的创作草图就得有一二百张。讲句'榜得力'的话，没有秦老率领我每年几次的深入生活，就没有我何家英。"

榜样的力量是无穷的。我1992年调任天津市文联主持工作以来，继承了这个传统。每年将"大地行"采风活动列入必须完成的八件实事的重要内容。后来，高占祥同志主持中国文联工作以后，也把深入生活列入议程，并请我在人民大会堂介绍经验。一次，中国文联在天津举办"全国文艺界万里采风出发式"，他讲"这项活动，是中国文联向天津文联学习而立项的"。而实际上，是我们向秦征同志学习的。这也是天津文联坚持了二十余年的、看得见摸得着的真格的。

奉献面前真有真格的

秦征的真格的，还体现在他的真性情、真感情和真挚的事业追求上。他终生与油画结缘，视绘画为生命，热爱生活。一辈子始终如一地追求真、善、美，他用手中的画笔，70年来真诚地讴歌一切令他感动的花花草草、大千世界。解放天津时，他就是正团级干部，1954年定为行政十三级高干。1957年他又毕业于中央美术学院马克西莫夫油画班，并深得马克西莫夫推崇，其毕业作品《家》，被选送到莫斯科参加世界青年美术作品展，引起画坛轰动。他名气大，地位高，但长期与他相处、熟悉他的人都说，其实他就是那样的一位既普通又亲切的慈祥长者。他被朋友、同事、学生、亲人，无一例外地视为

可以信赖、真心相交、最尊敬的良师益友。而他无疑又是个充满浓郁性格、丰富人格魅力的性情中人。

有人说他做事认真,崇尚直言,爱打抱不平,易得罪人。可是我觉得,这一切不正是秦征等老一辈艺术家真诚可爱、愈加值得我们尊重和学习的宝贵之处吗?

但凡是公益事业、组织需要,他总是火热心肠,从不吝啬。据我所知,当初开发区筹建,天津港煤码头立项,还有周邓纪念馆等等,秦征都无偿捐赠了自己最为得意的油画精品。像人们所熟知的《漓江月色》,还有如今陈列在周邓纪念馆、刻画周总理风尘仆仆深入农舍形象的《心怀天下人》等等,都是尺幅大、作品精,而且均为原创的上乘之作。

今年,秦征同志86岁了,他一生中无论是做人、做官、做事、作画,都体现了一个真字。时下,假话连篇,弄假成风,人们多需要来点儿真格的啊!真格的,是天津的民风,天津人喜欢真格的。所以,我们更希望多一些像秦征这样体现真格的人。

嘛叫天津人的「挑号」

嘛叫天津人的"挑号"

——话说著名相声表演艺术家常宝霆

天津人对敢于拔尖、具有号召力,并能在关键时刻领头站出来的人,称之为"挑号"。"挑号"一词,一度也被冠于"玩儿闹"领头人身上,如某某人能在南市"挑号",某某人在河东"挑号"。实际上,"挑号"原无贬意,是泛指行业中的挑头人。

新中国成立前,常连安及其子常宝堃、常宝霖、常宝霆、常宝华等的"常氏相声"就在天津相声界中"挑号",并成立"兄弟剧团",常宝堃为团长,旗下成员除了常氏家族外,还有马三立、张寿臣、郭荣启、赵佩茹等一批"大蔓儿"。解放初期,常宝堃牺牲在抗美援朝战场后,天津"常氏相声"的"挑号"人,应是常宝堃的三弟常宝霆。

"常氏相声"的"号",是我国相声发展史中的重要符号;是令人捧腹且留下历史记忆的幽默符号;是常氏家族中人才辈出的群雄符号;是坚守相声优秀传统且不断实现突破的创新符号;是为相声艺术增光添彩的功勋符号;是与时俱进针砭时弊的时代符号。而常宝霆就是这些令人震撼的符号中的佼佼者。

"挑号"者就是领军人物,能够"挑号"的人是以出类拔萃的独到"能耐"为支撑的,而常宝霆的"能耐"是怎么形成呢?

要"挑号",就要在求新求变中立艺

1929年生人的常宝霆,自幼从父学艺,9岁第一次登台时,就充分显示出他绝不是死背词、背死词的墨守成规者。首次演出是与父亲常连安、大哥常宝堃表演《小孩语》。那天,天津"小梨园"台下有许多老听众,看着他们爷仨往台上走就耳目一新。哗!来了一个"碰头彩"(热烈的掌声)。常连安深鞠一躬,含笑跟大家说:"往常是我们爷俩儿给大伙说,今儿表演个别开生面的节目,我们爷仨伺候大伙一段。"话音刚落,又是一阵热烈的掌声。常宝堃接着说:"哎!今儿这段又多了一个我三弟,确实跟往常不一样。他今年9岁,第一次上台。"这时常连安冲着常宝霆说:"你跟着上来能说吗?"在家里排练的时候,常宝霆的第一句台词应该是笑着说,而且也没有这句问话。在这样的问话中也不能笑啊?他便根据现场的气氛随机应变,瞪着两眼板着带稚气的脸嚷出了第一句台词:"不能说我干嘛来啦?!"天津的观众

真是"捧角儿",看着一个小孩跟他父亲瞪着眼、板着脸的那种认真劲儿,打心眼儿里喜欢,于是又爆发出比前两次更热烈的掌声。这句随机应变的台词预示着他成熟了。

11岁开始在父亲创办的北京启明茶社表演相声,成为正式演员。12岁拜郭荣启为师,14岁与北京"天桥"著名艺人"小云里飞"的儿子白全福结为搭档。从那时起他就认识到,要立艺就必须求新求变,而求新求变的前提就是不演"脏口"类的低级段子。一次,他和白全福在北京吉祥戏院演出,突然闯进来几个宪兵,非让他二人说"荤"段子。心中有数的常宝霆便来个

"聋子杀猪——满不听哼哼",仍然使了正统的节目《卖布头》。这一下把那几个宪兵气坏了,等常宝霆表演完了到后台,几个宪兵正等着他"算账"呢!揪住他脖领子,伸手就打。在拳打脚踢之下,常宝霆仍不屈服,坚持说"不会"!

而让他接受最大考验的是北京解放后,由于相声节目跟不上形势,群众不满意,使北京所有的相声演员都息影于舞台。怎么办呢?这时,他和志同道合的侯宝林、刘德志、侯一尘、孙玉奎、全长保、高德亮、高凤山、佟大方、罗荣寿、于世德等11人,于1950年1月19日在北京成立了"相声改进小组"。此举得到老舍先生的倾力支持,并亲自参与其中改编相声作品。也正是在这个相声发展生死攸关的考验中,他们坚持了在优良传统的基础上大胆地求新求变。功夫不负有心人,经过10个月的努力,"相声改进小组"改编和创作了32段相声。如改编的传统段子有《文章会》、《菜单子》、《洋药方》、《地理图》、《八扇屏》、《夸住宅》、《字象》、《绕口令》、《铃铛谱》等,新创作的有《如此美国》、《一贯道》、《纸老虎》、《婚姻与迷信》、《二房东》、《三字经》、《拥护和平》等。在1950年3月2日,小组以"相声大会"的名义在北京新华游艺社开始了首演。然后又到天津演了21场。在天津的演出中,第一次出现了观众携带着被褥夜里排队买票的盛况。很快,北京市成立了以相声大会为主的北京市曲艺三团。常宝霆随常氏家族及白全福、苏文茂等人应天津红枫曲艺社(天津市曲艺团的前身)社长白云鹏邀请来到了天津。所以,我们说北京"相声改进小组"对相声获得新生功不可没,而作为常氏家族中唯一加入"改进小组"的常宝霆同样功绩显赫。

到了天津之后,常宝霆得知要举办新中国成立以来的首届戏曲会演,他认为曲艺工作者不能袖手旁观。那个时期我们有影响的曲艺工作者加入的是戏曲曲艺工作者协会,还没有独立的曲艺家协会。"不能没有咱!"于是,他和编创人员在曲艺曲牌的基础上改革创新了曲艺剧《检举》、《生日》、《工人新村》、《罗汉钱》、《新事新办》等。尤其是他担任主演的《新事新办》,一路"过关斩将",参加了全国首届戏曲会演,引起轰动。并与歌剧《白毛女》、越剧《梁山伯与祝英台》、评剧《小女婿》等优秀剧目同时获奖。这是新中国成立以来曲艺工作者获得的第一个全国大奖,同时也为京、津曲艺剧的发展

奠定了基础。

20 世纪 60 年代初，他创作的《听广播》，首次将乐队伴奏巧妙地融入相声之中。这种求新求变是相声艺术发展的必然，也是无数优秀相声演员始终不渝坚持的优良传统。所以，在坚持传统的基础上，不断求新求变仍然是当今繁荣发展相声事业弥足珍贵的精神。

要"挑号"，就要在讴歌时代强音中立身

在常宝霆的艺术生涯中，他始终不辍地在讴歌我们伟大的时代。几十年中，他除了改编整理传统节目之外，还独立创作或与别人合作创作了大量经典作品。

比如，在 20 世纪 50 年代，他演出了歌颂党的"双百"方针的《百花盛开》，歌颂出席我国第一届"群英会"的先进集体——"三八幼儿园"的《儿童乐园》，进行新旧社会对比的《还乡记》，表现新中国文艺人才辈出的《不同风格》；60 年代他演出了讴歌防汛抗洪英模的《姐妹颂》；70 年代演出了爱护树木、重视环保的《林海取宝》，讴歌优秀投递员的《万无一失》，歌颂科研人员的《一枝新花》，抨击"四人帮"的《画鸡》《笑灾乐祸》。80 年代他演出了讽刺不正之风、大办丧事的《身后大事》，树立正确恋爱观的《爱什么》，讽刺机构臃肿、人浮于事的《诸葛亮遇险》，注重道德建设的《道德法庭》等。这些节目源于生活，紧跟时代步伐，现实意义很强，深得广大观众喜爱。

特别值得一提的是，1972 年他与朱学颖、王佩元创作的《挖宝》。那时正值"文革"中期，相声艺术基本瘫痪。虽然一些有志之士也大胆写出了歌颂型的所谓相声，但观众都不买账，认为那不是相声，而是"对话"表演。那时，是常宝霆最苦闷的阶段。难道相声的生命从此终结了吗？他回忆起1962 年自己当选为全国青年联合会委员时，周恩来总理接见他们，他和同是青联委员的马季表演了一段新相声《对歌》。总理听了非常高兴，下场时紧握着他的手，很亲切地说："你叫常宝霆，是常宝堃烈士的弟弟。好啊！你一家有不少的相声演员。"周总理的这句话像重锤一样敲打在常宝霆的心上。难道常氏相声从此偃旗息鼓退出历史舞台了吗？全国这么多说相声

的，谁敢站出来"挑号"呢？自己的二弟常宝霖在兰州也受到了"冲击"，四弟常宝华仍然在工厂"劳动改造"。在极"左"思潮影响下，一句话、一段节目就可能被打成反革命。怎么办？不甘服输的常宝霆暗下决心，他带着自己的入室弟子王佩元和作家朱学颖下工厂体验生活。通过多次修改，一段地地道道的相声《挖宝》创作出来了。这段相声的主题是说猪的身上全是宝，除了肉能吃，其他的器官可以制造出70多种药品。"包袱儿"很多，还用了大段的"贯口"。在"无限上纲"的年代，任何严格的审查，都挑不出毛病来，这在当时真是绝了。尤其是，这个段子表面上"歌颂"的是"猪"，实质上则表现的是科技工作者的智慧，歌颂的是"臭老九"——知识分子。常宝霆亲自给自己的徒弟王佩元"捧哏"，就是这段《挖宝》，在"文革"中开辟了真正相声的先河，使广大专业相声演员无比振奋，使他们又一次看到了相声的希望、相声的新生。当时究竟有多少人也表演了这段相声呢？恐怕难以用数字来统计了。

要"挑号"，就要在境界升华中立责

对党、对祖国的热爱贯穿于常氏家族中，也深深地倾注在常宝霆始终不渝的言行里。解放后，其大哥常宝堃参加了第一批中国人民赴朝慰问总团曲艺服务大队，并担任第四中队负责人，1951年4月23日牺牲在朝鲜战场上。这时期的常宝霆毫不畏缩，在安葬了大哥、擦干了眼泪之后，和四弟常宝华又都先后奔赴朝鲜战场。1958年他又赴福建前线慰问，不畏艰苦危险，在战壕里为战士们演出。他常说的一句话就是："陶冶情操，提升境界，履行职责。"

20世纪70年代末到80年代，我有幸与常宝霆同在天津市曲艺团工作。我从一般干部到主持全团工作，始终以他为工作的依靠和行为的楷模。那时，他担任曲艺团艺委会主任，可谓尽职尽责。凡业务上重大事宜及新节目的审看我们都依靠艺委会。他在骆玉笙、马三立、小岚云、花五宝、李润杰、王凤山等一批老艺术家及中青年演员中都很有威信，许多人遇到难题也愿意找他。他处处发挥一名党员的先锋模范作用。当时，除了骆玉笙、马三

立之外,他的工资级别是最高的,享受高级知识分子待遇。可许多看似很平常的小事,他都能使我永远不能忘记。如每次合影照相他都往最后一排站,每次出门乘车都把好位置留给别人,赴外地巡演甘愿住后台宿舍。一年冬季,他们在山东烟台演出,当我从天津前去看望他们时,发现他们为了节省开支,住在没有取暖设备的后台宿舍,第二天早晨,屋里的脸盆都结冰了,牙刷和牙缸全都冻在了一起。他是这个演出队的队长,我听到的是没人喊苦,而是笑声不断的"砸挂"抖"包袱儿"。

有一段时间,他发现团内许多年轻人打牌上瘾,便在告诫他们的同时,自己从此再也不摸扑克牌了。

滴水折光,小事折射其境界,境界催生其责任。我想,现在有的演员一味地在相声技巧上下工夫,不可谓不用心,可为什么难以脱颖而出呢? 从一定意义上讲,人生修养、素质及境界制约着人的艺术进步。

我认为,要成为大艺术家,要实现翻新艺术传统及表现手法、技巧上大的突破,就不能忽视提升艺术家、创作者的境界。境界,在艺术创作中就像是生命离不开灿烂的阳光,离不开清新的空气和洁净的水流。它可以帮助艺术家领会、参透与汲取养分和精华,可以使艺术家更会分析和判断人物与事件,更懂得"选材要严"和"开掘要深",更具备大家风范和大家气度,更能高瞻远瞩、预测未来。概括地说,它更会让我们相声艺术家做更高档次的人,创作更高档次的作品,丰富人民更高档次的生活。

我坚信我们的同仁,在坚守优秀传统的目标中,一定有更高档次的突破。在人们对相声作品普遍感觉不满意时,要像常宝霆先生那样:敢于站出来"挑号"。

嘛叫天津人的「义」

嘛叫天津人的"义"

——话说国画大师孙其峰

天津人讲情更讲义,这个义,也就是外地人称赞的"天津人讲义气"。为朋友两肋插刀,路见不平拔刀相助,代学生受过,替哥们儿蒙辱,以及"言必信,行必果,诺必诚,爱共驱"等等体现天津人刚毅豪爽的民风,即为天津人的义。这种义,绝不是狭隘、愚昧、野蛮的帮派和江湖意识。这种义,是一种境界,也是一种大爱。天津国画大师孙其峰,就是一位具有典型意义的"讲义"的代表。

他8岁习画,24岁考入北平艺术专科学校国画科,先后师从汪慎生、王友石、黄宾虹、李苦禅、徐悲鸿诸位大师,苦练书法、花鸟、山水诸艺。现虽已91岁高龄,仍文思敏捷,笔耕不辍。是我国当今健在且为数不多的高龄书画大家、美术理论家、教育家,其花鸟画及书法造诣名扬天下。早在20世纪50年代,他即在全国画坛所推崇的"津门二孙、二王""津门八家"等众多赞誉中毫无争议地独占魁首,民间亦传"南有程十发,北有孙其峰"之说。

而更为难得的,是他的义,充满了其拼搏向上的一生,耐人回味,堪为楷模。

义的核心,是要永远铭记得道多助

业内人都知孙其峰是徐悲鸿的弟子,但您听说过,徐悲鸿曾花重金购买学生孙其峰的画的事吗?而且买画的时间还是孙其峰正向徐悲鸿学习求艺

之时,这是怎么回事呢?

　　孙其峰从小受其舅父、画家王友石的熏陶,8岁习画,崇信"宋元至上论",终日一心摹古。1944年以优异的绘画才能考入国立艺专学习中国画,李苦禅、黄宾虹、王友石等先生都曾悉心向他授艺,而其得益最深的就是时任校长的徐悲鸿大师。徐校长除了教他学习传统的中国画技法之外,还教他学习西方教育学、解剖学、透视学和素描。他一开始画山水,在师法古人阶段就认为古人什么都好,认为画到了古人那样就行了。而在他绘画思想上所产生的第一次飞跃,是徐悲鸿校长让他在师古人之时师自然,要坚持写生。继而,又是徐悲鸿先生因人施教地告诫他:"中国画家应由专致精,复由精致专,故一定有几手本领看家。画的题材不必贪多,务必求精。运用技法不必贪全,务必求新。要写自己的情愫,奔自己的思路。"徐先生还根据孙其峰的特点,具体帮助他确定了把画雄鹰、鳜鱼、斑鸠、松鼠、麻雀和竹、梅、松、柏等作为主攻目标。

　　在徐悲鸿先生的指导下,孙其峰深得徐悲鸿先生画风。他画雄鹰、斑

鸠、麻雀,或栖或飞,或语或鸣,无不灵动至极。所画松树,挺拔苍雄,枝杈密而不乱,针叶翠而不浑。鸣禽待而欲飞,尤见其用笔造型布局之功力。所画梅花,虬曲挺秀,交叉有致,密而得当,花蕾清香俏丽,雅韵盈怀,尤具鲜活滋润、生机蓬勃之情。他颇受徐悲鸿及众多名师的喜爱,并决定待孙其峰毕业后留在学校任教,而且已经正式通知了本人。

　　可是孙其峰接触了进步思想,参加了反对国民党贪污腐败的学生运动,而且矢志不渝。在有关当局的直接干涉之下,徐校长没法儿让这个心爱的弟子留校了。为了防止国民党反

动派对他进行抓捕迫害,又催促他迅速躲到城外,逃过一劫。但钟爱绘画的孙其峰怎能割舍自己的艺术追求呢? 一天,他冒着危险又悄悄地拿着自己的绘画来向徐校长请教。徐悲鸿看着自己的学生非常激动,而且绘画又有了进步,便说:"你这两张画儿还有别的用吗?"孙其峰不知老师何意,回答:"没用了。"徐悲鸿立即叫其夫人拿出二百块钱,说:"这两张画我留下了。""啊!"孙其峰愣住了! 哪有老师买学生画的啊? 而且,孙其峰在向徐悲鸿学习时,悲鸿大师考虑他是一个穷学生,从不收他学费。他怎么能向这样的恩师卖画呢? 可是徐悲鸿说出的话谁也不能驳! 没办法,孙其峰含着泪接过老师的钱。他知道,这是徐悲鸿大师在用巧妙的方法告诉他,不能丢下绘画,是鼓励他刻苦学习绘画;也是疼爱、周济他的生活啊! 令孙其峰更没有想到的是,在后来徐悲鸿自己所编的藏画目录中竟收录了这两张画。这种"义",使孙其峰铭记一生,也使他一生中都在践行得道多助之义。

义的前提,是要永远甘当人梯

孙其峰说:"我不怕学生超过我,我希望学生比我强。我不希望在一个大塔上,我是塔尖儿学生当塔基。我愿意给学生当塔基,让学生站到尖儿上去。"

孙其峰是天津美术学院的奠基者,1952年他调入天津美院的前身,天津艺术师范学院美术系任主任,后任副院长。他在主持天津美院的中国画教学时,顶着批判"保守派"的压力,从北京、天津聘请了李鹤筹、李智超、张其翼、秦仲文、溥佐、凌成竹、萧朗、王颂余等一批所谓著名"保守"画家来校任教,一举奠定了天津美院在中国传统绘画学府的地位和天津市中国画发展的根基。他说:"我不愿意让学生学我像我,虽然像我对我有好处,学生可以做我的拉拉队,对我个人有益,但不能这么干,应该让学生踩着我的肩膀再上一层。"这就是一个美术教育家的胸怀和远见卓识的义。再如,在极"左"横行的年代,孙其峰因为强调业务学习,一再被批判为"走白专道路",他不断被迫作检查,但也不断要求学生和青年老师"拳不离手,曲不离口"。

在继承与创新相结合的基础上,孙其峰先生在天津美院建立了一套较

完整的美术理论体系。其本人也著述颇丰,有《中国画技法》、《花鸟画谱》、《中国画透视学》等,尤其是以《砚畔随想》为题的艺术思索,在香港《视觉艺术》上连载一年之久,轰动画坛。因为他不仅写得深刻精彩,而更吸引人的是回答了许多人在学习、继承和批判传统,以及创作方面所遇到的迷惑与错置。他在美院参与编写制定的教学大纲,有理论、有步骤、有方法,理论与技法紧密结合,构成一个新的教学体系。其特点:一是在教材选择上以少胜多。即从众多的题材中,选择少量有代表的对象,在一些共性问题上狠下工夫。如画牡丹、芍药、芙蓉、扶桑时,只选有代表性的牡丹。只要先画好牡丹,其他的花卉则一点即通,迎刃而解。二是要"以多胜少"。如在画牡丹的时间安排上,要突出重点,增加训练时间,务必学精学透。这样在画其他花卉时能用较少的时间收到举一反三、触类旁通的效果。三是某一题材选定后,要长期坚持画下去,反复研究,下苦工夫,最后达到最佳境界。在他的悉心教育和引导下,许多学生已成为全国很有影响的画家、理论家。天津美院五十多年来涌现了霍春阳、陈冬至、杨德树、何家英、杨沛章、贾广健、李孝萱、李津等诸多优秀国画人才,令天津美术学院成为海内外知名的艺术名校。

现在已经担任天津市书法家协会主席的唐云来,副主席、篆刻家李泽之等众多书法家,都得到过他悉心授艺。他爱惜人才,善于发现人才,一次,他看见一位青年作者的书法作品之后,立即询问其情况,并让人捎话,要亲自辅导。在他的精心辅导下,该青年多次在全国获大奖。这个青年,就是现任天津市书法家协会常务副主席、秘书长的张建会。

孔老夫子有弟子三千,八十余年来,孙其峰的弟子和私塾门徒以及天津美院五十余年来毕业的学生人数早逾三千,而他依然故我,至今仍未停止收徒和教学,而且几十年如一日,从不收取学生一分钱。包括外国学生、留学生也是如此。

他每年都要回山东省招远县的老家居住一段时间,周围许多农民的孩子来向他学画,他从不推辞,也不收费,有时还要自掏腰包为孩子们准备笔、色、纸、砚。有的农民实在过意不去,怎么办呢?种地的,就送一篮子老玉米;打鱼的,就为他送一筐鱼。但他都坚决不收,并吩咐:"带礼物的不能进门儿,拿作业的随时来。"

至今,好多学有所成者一提起他就都肃然起敬,佩服其艺术造诣和为人之义。这其中还有许多和他素不相识的来信求教者,请他批改书画作品。孙老皆能不厌其烦,多年来,亲笔为求教者回信达数百封。

义的境界,是要永远想着有吃不饱饭的人

他常向别人讲:"我们吃饱了饭的人,脑子里要经常想着还有吃不饱的人。"

他的家乡山东招远县及烟台等地,多次提出为他无偿修建孙其峰艺术馆,他坚辞不允。劝说者也非常固执地做他的工作,在这种情况下,他说:"我的艺术馆如果值得弄,两千年之后还会有人弄。现在不行,我们的国家还不富裕,你们把这钱扶贫去吧!给西部贫困地区盖小学,要比给我个人盖艺术馆有意义!"

他对待公益事业,赈灾济困,从来都是走在天津文艺界的前列。多少年

来他总是不计名利、不让宣传地参加各种社会捐助,有时,在同一内容的捐助中还经常向不同的接受单位分头捐助。多年来,他到底捐助了多少钱、多少幅画已很难精确统计。一次,天津残疾人协会为残疾人搞捐助,他当时在山东老家,闻讯后即让家人连夜赶回天津送来十幅书法、绘画精品参加义卖。

他听说一个40年前的学生因患脑溢血遭遇经济困难,立即捐送多幅作品。

前不久,他精心挑选了十幅画、十幅书法精品捐给了天津艺术博物馆。当得知,根据国家规定除了颁发捐赠证书以外,还要给一部分奖金时,他说:"如果给我钱那是越多越好,不过这钱我一个子儿也不往家拿,全捐给天津市救济困难职工中心或希望工程,我只要个收条儿……"在捐赠书画仪式上,他当场将钱捐给了天津市残疾人协会。

"居庙堂之高则忧其民,处江湖之远则忧其君"。我以为,孙其峰的花鸟画之所以许多人难望其项背,是因为他们只知学其技法而未及其境界。画如其人,欣赏孙先生的画,也要从画中领略他对人生、对民族、对哲理的思考,对自然的回归,对生命的礼赞,对社会的关切。一般画家,往往只做着在纸上留住过眼繁华的事情,而孙其峰在花鸟画中铸就了一种融于天地倾注人心而亘古长存的浩然正气。

义的动力,是要永远知不足和不知足

今年已91岁高龄的他,解释自己的座右铭说:"'知足',是对现在的生活我已经很知足了,人民给予我的,超过我想象的不知多少倍。我要求不高,能吃饱就行了,也不想穿什么好衣裳、坐什么豪华车;'知不足'是自律,审视自己的不足,不管是绘画技法、思想认识,还是待人接物,都有不足,仍需学习;'不知足',是指治学的态度,就像是对好多书欠了账似的,看过的还想再看看。"

我认为,在他的座右铭中最感人的就是"不知足",这是义的动力。现在他也仍未放弃学习,他家的厕所里有书,床头上有书,输液治病时也带着书。

坐汽车时带着字帖，因为汽车颠得厉害，看小字儿不行了，他就读帖。

　　人们印象最深的是他在"文革"中被关进"牛棚"，也没有放弃画画。"牛棚"里只有钢笔和报纸，他就偷着在报纸边儿、废烟盒儿上画速写、构草图，让人家揭发了，被"批斗"了一通。可他"贼心不死"还接着画。"批斗"时他站在那儿，脑子里也想着绘画的结构，打倒"四人帮"之后他立即就出书了。许多"造反派"都非常奇怪地问："这些稿儿你是什么时候画的?"他说："就是你们批判我的时候画的。""造反派"们大呼："哎呀! 我们上当了。"他自己却幽默地说："'上帝'给我的时间，我一分钟也没荒废掉，该怎么用我就怎么用了。"

　　他还有一个"不怕死，不想死，不找死"的口头禅："'不怕死'，是说现在老了，生老病死是人生必然，到岁数了也不在乎了;'不想死'，是说还想能够活动、能够工作、能够画画;'不找死'，是力所不能及的事情不去干，不该干的事情不去干。"

　　他还说："写字画画，可以健脑，可以延年益寿。但如果把书画当敲门砖

来搞人际关系,或一味地把它当商品去追求赚钱,这就不利于身心健康了。"
"德润身",养德可以养气、养神,使人健康长寿。

　　孙先生还喜欢京剧,喜欢养花,尤其是喜欢欣赏家乡山坡上盛开的朵朵山花。我想,这灿烂的山花就像辛勤园丁哺育的文艺之花。山花已到烂漫时,孙先生桃李满天下,而其爱祖国爱艺术爱人民爱学生之义不减,仍旧辛勤耕耘。我认为,明天回报他的必将是百花园中更加金灿灿的硕果和大义千秋之花!

嘛叫天津人的「扬气」

女签证官："什么文化程度?"
常宝华:"文盲。"

女签证官:"文盲?那你到我们
        美国干什么去?"
常宝华:"给你们美国的教授
        去讲课。"

嘛叫天津人的"扬气"

——话说相声表演艺术家常宝华

天津人的扬气,是大气,而非牛气,也非洋气。这是天津人所特有的一种骨气、豪气、潇洒。这种扬气与地域和人们所处的环境有关。在天津历史上既多有刀枪之苦,又有水火之灾,八国联军、殖民地、小日本、美国佬、国民党、旧军警、杂八地等,使得老百姓既要耐得住苦难,还要将骨气、志气化为理性和信念。即在政治上不畏首畏尾,在金钱上不小里小气,在思想上不自轻自贱,在心灵上不自惭自愧。当然,在不同的界别、不同层次的人群中,有着不同的扬气的表现形式。

在今年的春节,我想起了天津籍的相声表演艺术家常宝华,他是马三立的入室弟子。师父在世时,他每年都要来津给师父拜年,师父对弟子见面礼的要求,是必须给他说一个新的笑话。大家都知道,马三立大师有一段令人捧腹和回味无穷的经典笑话《挠挠》,却不知其基本素材就是常宝华拜年时"进贡"的。那是他在侯耀华提供的素材上组合的,结尾是剥开层层包裹的纸一看是"一把痒痒挠"。马三立大师重新组合结构,并把结尾改成一张纸条上写"挠挠"! 如今,已80高龄的常宝华仍然和天津有着密切的联系,保持着天津的"老例儿",如不能来津,也要通过电话,按照天津的习俗给故旧、兄长拜年。他是天津常氏相声世家中的优秀代表之一,常连安的四子。因长子常宝堃的艺名为小蘑菇,二子常宝霖为二蘑菇,三子常宝霆为三蘑菇,所以老天津卫的观众管他叫四蘑菇。现在他在部队的地位、身份虽然很高,但他仍然喜欢天津的老观众叫他四蘑菇,他说这能体味家乡人民的亲切感。

他离开天津多年了，但天津人豪爽、仗义的优秀品格不仅始终未变，而且很典型。我认为，在他身上表现的扬气，就是骨气、志气、豪气和大气。

扬气中含骨气

扬气不是不谦虚，而谦虚中又不能没有骨气。常宝华把相声演员的骨气看得十分重要。他生于1930年12月，6岁时只上了几个月的小学，就因生活所迫随父亲常连安及长兄常宝堃卖艺。那时，他最大的人生追求就是艺人的骨气、相声艺人的形象。那么，相声演员应该是一种什么形象呢？尤其是未来的相声演员，他有一个理想的企盼，他说："将来的相声演员应该首先是思想家，而后才是艺术家，最好还是哲学家、心理学家、演说家。"

如何达到这样的境界呢？我非常欣赏他的一句话："我们的修养、素质不是学来的，是养成的。怎么养成呢？不学文化不行。"进而，他又幽默而深刻地说："一个人没有文化就和普通的动物没有区别。"

那么，常宝华是什么文化呢？他自己说："是文盲。"这是因为他谦虚，而且在他自己的所有履历中，填写文化程度时，绝不写相当什么文化，而仍然写"文盲"。但他是真有学问。

有一次他应邀去美国，从简历上看：6岁从艺，没有上小学、中学、大学的经历，他也毫不隐讳。出访美国之前，要到美国驻华大使馆办理签证。那天，一名女签证官显得非常傲慢，让他觉得心里很不舒服。当那名女签证官问他："什么文化程度？"

他未等女签证官话音落地，立即回答："文盲。"

"啊！"女签证官一愣，心想："还

没见到这样回答问题的,说自己是文盲还挺横?!"马上又问:"文盲? 那你到我们美国干什么去?"

常宝华的回答更横啦,用手一指她:"给你们美国的教授去讲课。"

太痛快啦! 那个女签证官也傻了,竟毕恭毕敬地给他做了签证。

这就是我们天津卫讲的"该扬气时就得扬气"! 这种扬气,含有令人佩服的中国人的骨气。

常宝华真该扬气,一位说相声的,不仅到美国讲学,而且还到俄罗斯、波兰、奥地利、瑞士、朝鲜、新加坡和香港地区进行文化交流、讲学。在国内他也是屡次登上北京大学、南京大学等高等学府的讲坛,每次还都能引起巨大的轰动效果。

前不久,他来天津出席其九弟常宝丰之子的婚礼时,对我说:"你写的《逗你没商量——相声界奇闻趣事儿》我看了,特别是你在讲'老合'两个字时讲对了,很多人都把'老合'写成'老和'了,不对,没讲。你还应写一件事儿,就是'大蔓儿'两个字,现在都写成'大腕儿'了,非常错误,在旧社会的江湖中,我们说相声、说评书的有了影响,成为'角儿'之后,应为'大蔓儿',这是多音字,意思是咱是有'枝蔓'的,靠咱的艺术魅力能'蔓'住观众,能耐大,就叫'大蔓儿'。江湖中管那些以坑人、骗人为生的大人物,才叫'大腕儿'呢! 为什么是手腕儿的腕儿呢? 因为他们靠的是手腕儿;在江湖中还有一种被称为是'大万儿'的,音都一样,但那是指靠劫道而发财的,他有钱,所以用千万的万。咱们可一定要改过来,绝不能管咱叫'大腕儿',咱们说相声的是有骨气的,既不能靠手腕儿成名,也不能获取不义之财而致富。"

扬气中含有志气

要扬气不仅要有骨气,还要有志气。他忘不了,1951 年 4 月 23 日,他的大哥常宝堃在朝鲜战场上壮烈牺牲了。他忍受着巨大的悲痛,坚决地提出:要继承兄长的遗志,也去朝鲜慰问志愿军。他的这个愿望实现了,在抗美援朝的前线,他没有一点空闲的时间。说相声,教战士们唱歌,也险些跟大哥一样做了烈士。在一次演出前,遇上了敌机轰炸。突然,他觉得一个身

体压在了自己身上。是一位志愿军的军官为了保护他,扑在了他身上。他很受感动。回国后,向组织上提出要参军进部队,这是我们天津相声演员的志气和骄傲。1953年常宝华离开他热爱的天津市曲艺团,离开自己的妻子、孩子,放弃了每月五十多元的高工资,选择了只有6.9元月津贴的海政文工团,成为一名军人。同时,他也担负起教育、培养大哥的独生子常贵田的任务。在四叔的帮助下,常贵田也成为一个有志气的青年,1958年10月23日,年仅16岁的常贵田也进了海政文工团。而且入伍仅三天,就奔赴福建前线,在前沿阵地,四叔总是在危险的状况下保护着侄子。常贵田成才了,一位说相声的能不扬气吗?! 2003年常贵田被中央军委授予少将军衔。

该扬气!周恩来总理都帮助过常宝华修改相声,1959年他与赵忠、钟艺兵共同创作了《昨天》。内容是叙述一个老大爷在解放前夕,靠拉洋车为生。由于受骗,再遭抢劫,致使精神失常。北京解放后,人民医院给他悉心

治疗十年,他病愈后犹如梦醒,以为一切事情都发生在"昨天"。这段相声热情地歌颂了新中国,抨击了腐朽黑暗的旧社会。他把这个新段子带进了中南海,党和国家主要领导人听着,无不开怀大笑。演完之后,周恩来总理说:"这段相声太好了,可是我有点小意见,可不可以提啊?"常宝华为总理的平易近人所感动,忙说:"总理,您提,您提。"总理说:"就是最后,如果再改动一下,主题更突出。"然后就提出了一些具体的修改建议,常宝华回到家,激动得一夜未睡。可没有想到,转天总理有接待任务,又请他去表演,点的还是《昨天》。他按修改后的段子说了,总理感到惊讶的同时,也表扬了他:"改得好!我可没想到你们改得这

么快。兵贵神速啊!"

"文革"结束后,常宝华与常贵田的一批新相声,以早于其他艺术形式的快速度出现在舞台上,《"四人帮"办报》、《狗头军师张》、《拙劣的表演》……还有一段重量级的相声,就是家喻户晓的《帽子工厂》。

他是一位从天津走出去的,有抱负、有志气的艺术家。他自从艺至今,共创作(包括合作)了相声、小品、快板等节目一百七十多个,全国各报刊发表五十余篇。相声《昨天》英文版在国外发表。相声《帽子工厂》、小品《语言医生》在香港《大公报》发表。

扬气中含幽默之大气

他的扬气中含有我们天津人处事的幽默,幽默里又有着一种大家之气。

我在出版第一部相声专集《逗你没商量——相声界奇闻趣事》时遇到了难题,就是配合文字的一些老照片难寻,加之有关档案馆的照片翻拍又价格昂贵,于是,我就想起善于保存资料的宝华四叔。怎么开口呢?中间有人好说话。我便找到他的九弟常宝丰,并说明该书正式出版后,按照规定,由出版社所付的照片稿酬极低,尤其是我要用从未出版过的照片,用量也大,跟四叔念叨念叨,看有什么条件或是需要我做什么?宝丰立即给他拨电话,认真陈述个中原委。而四叔听后哈哈大笑,说:"条件嘛!必须有,我馋啊!给我捎一碗大福来的'锅巴菜'来,你要亲自去办,用保温盒,早晨我不吃早点,等着吃这碗'锅巴菜'。"他用大家之气的幽默,巧妙地回答了他的允诺。

到了北京后,我们负责翻拍的摄影家真不好意思,除了他把自己珍藏的数十张照片全都拿出来之外,墙上挂着的他也让摘下来,把玻璃拆掉进行翻拍。他还怕我们去的人难为情,便风趣地说:"行啦!我有这碗'锅巴菜'就什么都不管了,你们干吧,别影响我吃就行。"

他善于用幽默化解别人的尴尬。有一回,他们演出结束到饭店吃饭,一位年轻的服务员来到坐在他旁边的一位影视明星跟前,说:"您能给我签个名吗?"这位明星不屑地说:"我这吃饭呢!你可真是。"人家尴尬地转身走了,常宝华一见,站了起来,说:"小姑娘,我能给你签个字吗?大概你不认识

我?"小姑娘赶紧说:"我怎么不认识您哪?! 您是常老师。"他说:"我的字还是可以的,你试试,来! 我签!"签完后他又说:"谢谢你,又让我练了一回字。"他认为在老百姓面前多大的"蔓儿",也不能臭扬气。

在家中,他也是如此,四世同堂,具有绝对权威。无论是对老伴儿对晚辈,他都很尊重他们,五个孩子他从未打过他们、骂过他们。他17岁和老伴儿结婚,至今已63年啦,他很体贴她。如有人问,你对老伴儿什么看法啊?他一脸严肃地说:"意见太大啦!""什么意见啊?""我这么多钱,她不花。"

当然,一个家庭不可能一点矛盾也没有,有时他看老伴儿不愿意,生气了,嘟嘟地没完啦,他便跟她耍一个小幽默,脸一沉,说:"没完了? 这受得了吗? 告诉你! 别当我不怕你。"老伴儿愣住了,可一琢磨他这话也乐了,"别当我不怕你?"嗯! 他还是怕我,而且还理直气壮地怕我。

扬气中含有不服气

进入庚寅虎年,他81岁了,谁要是说他老,他可不服气。他说他有四个年龄,实际年龄是81虚岁;生理年龄,50多岁;心理年龄,40多岁;艺术年龄,也就60来岁。所以,他不愿离开舞台,也不愿离开天津的观众,尤其是年龄越大就越留恋天津。

因为,他和大哥常宝堃、父亲常连安第一次登台表演《训徒》是在天津,1951年拜师马三立并在其门下学艺是在天津,新中国成立后参加工作在天津,即便是"文革"中下放,他也是坚决要求回天津,在天津机床厂当搬运工四年,又是天津的工人师傅们伸出热情的双手关心、照顾他。

天津老艺术家的活动,比如北方曲校讲课、电视台录像等,只要受到邀请他就不计较条件地出席。他和天津艺术家的感情也特别深,也非常尊重他们。如天津的老相声艺术家苏文茂是其大哥常宝堃的弟子,幼小就在常家学徒,苏先生按辈分每次都恭恭敬敬地管他叫四叔。而他却管苏先生的老伴儿喊嫂子,为什么呢? 他说:"文茂比我大一岁,和他老伴儿论,我得尊称她嫂子。"

他不服老,每天看报,并坚持写日记。思想观念以及对新生事物的理解毫不落伍。去年底，他去看"开心麻花"贺岁爆笑舞台剧《索马里海盗》的排练，这不仅是因为他的孙子常远在戏中挑战反串角色，也因为他对新的舞台剧形式感兴趣，他说自己"很关注现在年轻人关注的东西"。他除了给自己的孙子做示范辅导之外，对剧中的网络流行语，什么PK、小资、网络偷菜等也能解释得清清楚楚。而且还很风趣地和青年演员们说："网上的流行语，我知道的如果都说出来，你们还不一定知道呢。"

他不服老，而且，人家还说他老来得子。这是怎么回事呢？原来他除了培养赵福玉、牛群、包长春（北京）、杨鲁平（南京）、杨子春（广州），台湾的冯翊纲、宋少卿等优秀弟子之外，在2009年12月25日又收了侯耀华为弟子。

他说："人要对困难不服气，对年龄也要不服气，在生活上要知足，在艺术上要知不足，在事业上要永远不知足。只有这样才能活到老、学到老，才能紧跟时代，永葆艺术青春。"

这真是：常宝华没有老，你是天津人的骄傲！天津人也为你而扬气。

嘛叫天津人的『叫真儿』

嘛叫天津人的"叫真儿"

——话说著名国画大师孙克纲

"叫真儿"对于天津人来说,是豪爽、认真、办事绝不马虎的一种典型性格。"叫真儿""叫真章儿",就是"落地砸坑儿"的事儿,不允许含含糊糊、稀里糊涂、得过且过。

在我所接触的艺术家中,孙克纲就是一个工作、生活都非常"叫真儿"的艺术大师。

今年5月16日是孙克纲逝世五周年,恰逢这个月的23日,又是纪念毛主席《在延安文艺座谈会上的讲话》发表70周年。在这个日子里,我不由自主地将这两件事连在了一起。首先,贯彻《讲话》精神的前提,就是深入生活,创作文艺精品,而在深入生活搞创作方面,孙克纲就是一个典型"叫真儿"的人;其次,是做德艺双馨的文艺工作者,而孙克纲在为人处世上,又是一位严以律己、敢于"叫真儿"的楷模。

艺术的"叫真儿"

现在的中青年美术工作者有谁知道,新中国成立后,全国首届美术大展,是谁为天津获得殊荣?是谁在历次全国性美术大展中入选、获奖最多?是谁在80岁以后仍能创作巨幅作品?是谁的作品屡屡被中国美术馆、人民大会堂、毛主席纪念堂、北京新车站等视为珍品收藏?

他,就是我们天津人永远不能忘记的孙克纲!1953年,他的作品《山

水》入选新中国成立后第一次规模盛大的"全国美展"。一位年仅30岁的画家，引起美术界轰动，因为入选该展的基本上是徐悲鸿、齐白石、刘奎龄等老一辈美术大家，天津选送的众多作品中只有4个人入选，即3位60岁以上的刘奎龄、刘子久、肖心泉，一位就是而立之年的孙克纲。年轻一代凤毛麟角，而他又年龄最小。两位美术界的领导询问刘子久先生："这幅《山水》是哪位老先生的大手笔？"刘子久笑而答曰："这位先生并不老，才30岁，是我的学生，叫孙克纲。"两位美术界领导大为惊奇，天津竟有这样好的后起之秀。可是，对领导和群众的赞誉，孙先生却虚怀若谷地说："那不能叫佳作，只能叫习作。"

为什么他能让美术界刮目相看呢？他自己讲："就是刻苦，对不懂的东西敢于'叫真儿'。"他幼小随父习画，15岁至18岁先后在敦庆隆绸缎庄和裕昌银号学徒时，就利用业余时间临摹《芥子园画谱》及荆浩、关仝、董源、黄子久、王蒙、"四王"、龚半千、石涛等人画作。自制"忙里偷闲"、"心摹手

追"、"大胆细心"三方印，唯以自勉。1938年拜刘子久为师后，更加刻苦，有时"叫起真儿"来，寒冷的冬天一画一宿，老了落了个关节炎的终身病疾。

全国美展获得荣誉后，他便在画风、题材、手法、意境上"叫起真儿"来。一幅画的创作所下的工夫，是现在的美术工作者难以想象的。比如，颇具影响的优秀作品《秦岭烟云》，就是他一个人坚持去秦川大岭体验生活。与众不同的是，他乘火车从宝成线第一站出发，到第二站下车，再步行返回第一站，一路仔细观察，对景写生。然后，从第一站再乘车到第三站，又下车步行返回第二站……如此一站一站地

上车、下车,步行爬山,风餐露宿。

当今,我发现不少的画家,深入生活时带照相机,然后按照片画。他说:"我不用照相机,因为按照片画,没有感情,根本画不出感觉来。"他步行荒山野谷、崇山峻岭,细心观察云岚峰岩、层峦叠嶂、阴晴雨晦之变幻。

可是您知道多苦吗?有时爬山画画找不到卖吃的,就吃点儿饼干或饿一顿儿,有时还怕碰见野兽或土匪。最奢侈的是看见一个卖凉粉儿的,一次吃个够。然后又买些凉粉,结果在山上遇到大雨,无处躲,凉粉和雨水都搅和在一起了。而正是在这次"叫真儿"中,他不仅印证了古人的笔墨程式与表现手法,也发现了一些古人所没有发现与使用过的新手法、新构图,获取了新鲜感受。

继尔,他又去太行山、华山、黄山、井冈山、庐山。"文革"中遭受迫害下放农场。1978年落实政策后,已55岁的他,继续"叫真儿",又上四川青城山、峨眉山。他认为:一山有一山之特色,近看其质、远取其势,或崔嵬嵯峨,或雄浑峭拔,或苍润秀郁;山之嶙峋,川之碧流,水之波澜,通过亲身感受,格物致知。绘画如自然界之千变万化,要有新意,就必须有新的发现、新的思维,多角度、多方面去思考,才能想他人之所未想,画前人之所未画。就这样,他转年的一幅《李白诗意》入选第六届全国美展并获山水画类最高奖。就是这幅作品,他泼墨之后,没有马上落笔,而是挂在墙上,开始"叫真儿",反复揣摩将近半年才断然下笔。

泰山之雄,峨眉之秀,青城之幽,华山之险,黄山之怪石,孙老对这些美景饱览之后,以画家的眼光,胸贮五岳,山川为我所有,创作起来,造化在手。他说:"我画山水没有重样的,而且要画出神来。"

确实如此。像《深山难阻天边客》,是画家经过细心观察、潜心感悟,别出心裁地把群山矗立画活了,写神了。《百步云梯》突出栈道的崎岖险峻,登高者必有勇气和排除万难的气概。《漓江晨雾》颇有南方春天多雾景色。《泰山南天门》山峰一层高过一层,南天门似入云表。《轻舟已过万重山》有惊心动魄之感。《黄山奇松》与毛泽东的"无限风光在险峰"有异曲同工之妙。这些画面,意境空灵,粗笔纵横,淋漓挥洒,讲求气韵生动。孙老看遍天下瀑布、流泉、飞泉、清泉、百重泉……他画《黄山瀑泉》仿佛雨后瀑泉飞泻,

汹涌之势,震耳欲聋。《青城天下幽》以浓重的泼墨、泼彩,融纳氤氲秀气,飞瀑流泉,草木茵荫。在幽静高雅、得天独厚的优美环境中,画家的思想感情和创造的形象得到了完美的结合。

在现代画家中,泼墨、泼彩声誉最高的是晚年的张大千先生。中国艺术研究院美术所研究员郎绍君先生对张氏与孙氏泼墨法,作了认真的、系统的、各有所长的比较分析。并认为:"张大千之后,创造性地运用与发展了泼墨法的山水画家,以孙克纲为最突出。"我认为,这真是精致入微、准确精彩的评价。

孙老80高龄后,仍然每天坚持画画,而画起来还是那么"叫真儿",绝不画应酬和重复作品。儿子、儿媳及孙女,多次劝阻先生:年岁大了,不要再有大计划了,每年坚持画50张小画即可。他却风趣地说:人虽杖朝,艺要永年啊!80岁以后他创作的《山静瀑喧》、《登高云观山》等,仍旧是超大幅精品之作。

为人的"叫真儿"

1956年,孙克纲先生调入天津人民美术出版社,先后任编辑部副主任、办公室副主任,开始从事专业美术工作。当时,书画作品尚未被人们看成"宝",售价非常便宜,即使是名家书画,在画店里、地摊上,花很少的钱,就能买到。孙老确是个识宝的,并认为升值潜力非同一般,于是为天津人民美术出版社买了不少张大千、齐白石等名家画,而且全是精品,现在每幅都价值连城。当有人劝他问他:"您画画也需要临摹,那么便宜的名画,又是您一个人'掌眼'购买,为嘛自己不留两幅呢?"他"叫真儿"地说:"那是为公家办事,咱不能'藏着掖着'想自己!"

在他从艺60年的展览上,其作品惊动京津。在我赞叹其作品时,他说:"我有很多精品,人们未能见到。"我非常理解孙老这句话的内涵,凡是和他相识或在一起工作的人,家中有大事小情、老人住院、孩子入托都找他"买画",说是"买",其实基本是送。20世纪80年代,他的住房冬天没暖气,一位聪明的宾馆经理将他接走,并安排画室。孙老仗义,基本上将这一冬季所创作的画全部给了他们,连职工表彰、联欢都每人一幅。孙老一家子都为人厚道,孩子们工作的单位要对外"办事",都送他的画。

津门"二孙(孙其峰、孙克纲)、二王(王学仲、王颂余)"数十年享誉全国,在市场经济条件下,他们的作品颇具收藏价值和升值潜力。业内人士总是感叹,天津画家的价位总是赶不上北京等其他城市同等画家的价位,甚至有人说,孙老在北京的学生,画价都比老师高。情况也确实如此,20世纪80年代,中央美院开办了李可染山水画研究生班,因为李可染在家养病,李先生就请孙先生替自己在研究生班授课。这个班有龙瑞、王镛、姜宝林、万青力、徐义生等,其中,许多人的市场价位都超过了他。也有人说,他往外送画太多,搅乱了自己的价位。可孙先生却不以为然,他说:"我从画画时起,就没想着钱。要想着情、义,要想着还有下岗的、吃不上饭的。"他还多次嘱咐儿子:"不要把画卖得太贵,即便是有人愿出高价买,价位也不能超过孙其峰、王学仲(王颂余已故),他们不涨价,你不能涨。"您听听,这老爷子"叫真儿"的话,有人给钱高了都不行。但我也能从中悟到他对同辈人的尊重。

记得,有一个关于老艺术家建言献策的函,请孙老签署。他一字一句地看后说:"很好,很有价值。这是我多年的心愿,是天津书画界的一件大事!需要我做什么?"当告诉他在材料上署名时,他非常谦虚地说:"其他几老都签吗?"来人说:"都沟通完了,全签!"他马上说:"我的名字不能签在他们前头。"当听说名字是不分先后的,他才用签字笔认认真真地写上了"孙克纲"三个字。并让儿媳拿来印章。儿媳要替他加盖印章,先生说:"你盖不好。"自己把印章拿过来,工工整整地加盖了"孙克纲"的大印。

我在主持市文联工作中,多次为孙克纲先生高尚的行为所感动。凡公益活动,如赈灾、助残、支教、慰问等等,孙克纲先生总是身先士卒,唯恐不及。晚年身体欠佳,行动不便,也不能阻止他做善事。当有公益活动时,走不动了,他竟让孩子推着轮椅前往。

生活的"叫真儿"

孙老还经受了许多政治运动的磨难。他说:"我画画拔尖儿,所以每一

次运动自己都是对象。"因为他"人缘儿"好,历次运动都没挨过打,而且还总有人保他。如"文革"中,他写大字报,其中一句是"北京是祖国的心脏"。结果是越紧张越出错,他把"脏"给写成"赃"了,恰巧当时天津市革委会中极左人物王曼恬来美协视察,一眼就看出了这个错字,认为别有用心,便追问是谁写的。孙克纲吓坏了,认为非得打成"现行反革命"不可。可所有的人都保护他,说:"这个是个不识字的老头儿!""这人岁数太大没文化!"王曼恬一看不能引起众怒,就没追究。

还有一次下放劳动,到胜芳五保村。那里跳蚤成群,咬得人睡不好觉,怎么办呢?爱"叫真儿"的他,就想方设法逮跳蚤。这招儿可绝了,到了晚上别人是先逮跳蚤后睡觉,他是先睡觉,然后"引狼入室"从热被窝里出来,抓住褥单子四个角,弄到院里去,天气寒冷,跳蚤一下子冻僵了,就好逮啦,他逮完了,再睡安稳觉,人们戏称"孙氏灭害法"。

他与老伴相儒以沫。更佩服的是,在老伴儿故去后他坚持不娶。当时他才60多岁,多少人劝他再娶,儿子、儿媳都上班怕照顾不到,也给他做工作劝他找老伴儿。他又有地位又有钱,看上他的年轻人还真不少。可是,他"叫真儿"夫妻相伴一生的诺言,绝不让谈及此事。当然,我不反对老年人再婚,而是看不惯现在一些所谓的艺术家,成天美女相伴,并美其名曰"女学生"、"干女儿",早把家中"糟糠之妻"抛在一边了。他们应该学学孙老,老伴儿没工作,机关每次检查身体,他都给老伴儿交一份钱,一起检查。结果有一次检查出老伴儿患有心脏病,那时才40多岁,他更加关心老伴儿了。后来,老伴儿又得了糖尿病,一折腾就是10多年,都由孙老照顾。他不会做饭,就每天早晨给老伴儿买馄饨,糖尿病怕含糖的食品,他去饭店买溜鱼片让人家不放糖。听说锅巴菜含糖少,他又换着样儿地给老伴儿买锅巴菜。那时没有煤气,每天要生煤炉子做饭,既劳累又麻烦,他不会做饭,不会熬鱼,老伴儿病了,自己就学。到菜店买菜不懂怎么买,排到个了(即排队),一买就是十几斤,吃不了就放在塑料筒里,用湿手巾盖起来。买肉也不懂,按老伴儿交代的办。有一次去买肉,到了肉铺后,正在卖里脊肉,当时很难得。一个买肉的大娘问先生:你怎么不买里脊?他说:"老伴儿交代让买腱子肉的。"别人都笑!

生活再困难,有老伴儿相陪,生活就有乐趣。他说:"那时一边照顾老伴儿,一边画画,虽然累,但兴致高。"

有一次老伴儿病重,医生让住院。老伴儿不愿住,怕没人照顾。孙老就说:"两个人一起住院,我陪你。"最后,孙老累得连腰都直不起来了,但爱到深处无怨无悔。在老伴儿去世后的10余年中,他一直把老伴儿的遗像摆放在自己的卧室里。

所以,我说:"叫真儿"是孙克纲先生一生中的美德,也是天津人的美德!只有在艺术上、生活上像孙克纲这样"叫真儿",才能做德艺双馨的艺术家!

嘛叫天津人的『不服』

嘛叫天津人的"不服"

——话说天津时调表演艺术家王毓宝

　　"不服"源自五方杂处的天津码头争强好胜,天津人喜欢把"服与不服"挂在嘴边上,这也是豪爽性格的一种外露,不管对方多么无理,只要说一句"我服啦",马上就会偃旗息鼓放对方一马。不服,也锤炼了这个码头出能人、有绝技的民情,也是天津人刚毅性格,热烈感情,磊落肝胆的民风。著名天津时调演员王毓宝,是一位土生土长的天津人,也是一个在"不服"中成长起来的艺术家。

不服,是要不断地超越自我

　　王毓宝自8岁随父"走票"演唱时调,以嗓音高亢、不落俗套而令人刮目相看。13岁以艺养家,而尤为可贵的是,生性倔强的她,从正式登台之日,便以不唱粗俗淫猥之词、摒弃男时调艺人插科打诨而独步曲坛。

　　"咱唱时调的为嘛儿不能进大园子?"当时,天津高雅一点的剧场都把时调拒之门外,像当时劝业场里的大观园和泰康商场里的歌舞楼(后更名小梨园),都以所谓上流社会聚集之处,把所有的时调艺人拒之门外。可王毓宝不服!在弱冠之年,即20世纪的30年代末期,她经业内人推荐,要登歌舞楼。当时,歌舞楼的老板虽对她有所耳闻,但仍担心观众不买账。所以,在盛情难却的情况下,只答应试演三场。"初生牛犊不怕虎"的王毓宝,认为机遇难得,在第一天的"打炮"节目中,唱了一段《七月七》。她那超群的演技,

端庄的形象,文雅的唱词,艺惊四座,一炮打响;第二天,她唱的是曲调缓慢、低沉、委婉的《悲秋》。当唱到"秋风吹动梧桐叶,丹桂开花不大自由,花木凋零冷气飕"时,赢来满堂喝彩声;第三天,她又唱了一段描写春闺生活、轻松活泼的《踢毽》,更加轰动。"这闺女行!要多少钱吧?"三场唱毕,老板即以重酬挽留她为歌舞楼的主演了。从此,她再也不在"唱一段一打钱"的小茶社演出而拿"包银"啦!这是具有近百年历史的时调,第一次登上曲坛的高雅殿堂,也是第一次使人们认识到这种只能"撂地"、在妓院和小茶社演出的曲调竟然也能给人以耳目一新的高雅享受。此后王毓宝那高亢嘹亮的音调,朴实明朗而又婉转动听的旋律,博得了越来越多人的喜爱。

那时,只有"唱时调"的叫法,还没有"天津时调"这一名称。在"时调"的总称下,包括有《老鸳鸯调》、《新鸳鸯调》、《二六板鸳鸯调》、《拉哈调》、《淮调》等,还有以演唱的曲目而定的曲调,如《十杯酒》、《后娘打孩子》、《画

扇面》、《绣麒麟》、《探清水河》、《青楼悲秋》、《叠落金钱》、《小五更》、《怯五更》、《明月五更》、《山西五更》,以及《落尺》、《落五》、《落上》等等,其中流行最为广泛的是《靠山调》。

那么,天津时调的名称是如何而来的呢?

1953年年初,王毓宝以新文艺工作者的身份加入天津市第一家国营文艺团体,即刚刚建立的天津广播曲艺团,充满朝气和创新锐气的她,更加有了用武之地。她不再满足于自己的唱腔唱段,她认为任何曲调形式只有不断创新才有生命力。吃老本、停滞不前,就跟不上时代,就是落伍。她决意要对时调再次进行改革。但怎么改?从何处入手?这可不是一件简单的

事。那时人们的观念都比较保守，她也深知，当时骆玉笙的唱腔创新就有很多非议，人们对京韵大鼓只承认刘（宝全）、白（云鹏）、张（小轩）三派，骆玉笙根据自己的特点设计创新的唱腔，被许多人讥讽，认为是非驴非马"四不像"。所以，对时调作大的改革，王毓宝的压力也是很大的，因为改不好，恐怕连现有的声誉、地位都保不住了。但不改，就不能超越自己。不服是她天生的性格，不服的核心，就是要不断超越自己。所以，她不顾旁人的闲言碎语、冷嘲热讽，在团领导的支持下，团结、组织弦师祁凤鸣及善通音律的姚惜云等人，移植了民歌歌词《摔西瓜》。选择了《靠山调》为基础，共同设计，精心创新，调整唱腔，变化间奏，大胆地添加了笙、扬琴等乐器。改变了一些死板的唱腔，取消了每番最末一句的"哎咳哟"。演员在乐队雄壮的前奏声中出场，走到台口，前奏结束，头一句唱腔便设计成了一个能获"满堂彩"的高腔。而且她还重新审视、设计表演动作，以全新的面貌出现于津门舞台。这一改革轰动了曲坛，观众的掌声和欢迎的程度比以前更加热烈，也受到了国内同行的普遍赞同。"天津时调"的名称即由此发端，京津等地的时调演员争先仿效，成功地揭开了天津时调飞跃发展的新篇章。此后，她又创演了《提意见》、《想心事》、《制寒衣》、《嫦娥赞月》等新作品。整理了《放风筝》、《踢毽》、《七月七》等传统曲目。从内容到形式，系统地完成了天津时调的创立，也巩固和扩大了天津时调的地位和影响。

在一片赞扬声中，一般的人都会松一口气，去享受一下掌声、赞扬声和鲜花带给自己的温馨和荣耀。可王毓宝却没有任何松懈，别的曲种形式能表现波澜壮阔的题材，时调为什么不行？不服！使她又有了新的超越目标：天津时调在演唱的题材上，不能只局限于男欢女爱和调子悲戚的内容上；在唱腔音乐方面，不能仅限于修饰调整旧腔，要突破旧民歌窄小的生活圈子、狭隘的情感范围，要表现宏伟壮阔的现实生活和时代精神。

永不满足，使她的改革迈出了更大的步伐。20世纪50年代后期，一曲撼人心魄的《翻江倒海》，以激昂、豪迈的声腔和内容表现了劳动人民在社会主义建设中改天换地的英雄气概；紧接着，又推出一段富有激情的《毛主席来到咱村庄》，描绘了领袖和人民群众之间亲切深厚的感情。这时期的天津时调已发展到了新高度，在全国产生了广泛影响，天津时调的演唱者也遍及

华夏大地。

　　20 世纪 60 年代初,她又创新了以夹叙夹议、诗情画意、抒情赞颂为主体的《红岩颂》、《海河行》,尝试了以拓展"数子"增强叙事性和表现故事情节的《卖椰子的老大娘》等曲目。

　　正当王毓宝佳作频出并向新的高峰攀登之时,爆发了"文化大革命",她被扣上"资产阶级反动权威"的帽子关进了"牛棚"。那时,最让王毓宝痛心的不是生活中的刁难和肉体上的折磨,而是某些人攻击天津时调"出身"窑调,是妓女伴艺卖身的曲调,不能让这种曲调歌颂伟大领袖,也不能占领工农兵舞台。当时,她的心情坏到了极点,因为天津时调是她的生命,是她唯一不能舍弃的艺术追求。

　　她没有放弃,因为她在"牛棚"中知道许多忠实的观众在关心她、打听她,在私下传唱天津时调,想听她的天津时调。

　　不服的性格,使得她从不服输,在"造反派"们没有查出她任何问题而被"解放"之后,她心底的压抑,促使她的创作欲望像火山爆发一样释放出巨大的能量,谁也不能说天津时调不行,一曲《大寨步步高》,迅速在舞台上、在广播里,唱响全国啦!

　　她给多少人带来无限的兴奋和喜悦啊!这是在"文革"之中,天津专业演出团体唯一率先登上舞台的鼓曲曲种。尽管现在看来,内容已时过境迁,不足为道。但其崭新的曲调和优美的歌曲风味的唱腔设计及在舞台上高超的表演技艺,给予了当时所谓"牛鬼蛇神"类的老一辈曲艺家以巨大鼓舞,他们看到了希望、前途和光明。她也令无数想念她的、痴迷天津时调的观众激动、喝彩和回味难忘。

　　不久,《军民鱼水情》又脱颖而出,迅速在天津、在全国普及开来,在各地曲艺专业团体的演出中,在部队和地方的业余宣传队里,在津城的街头巷尾人们都争先传唱。这段曲目词义清新,语言通畅,朗朗上口,富有诗意。一个做军鞋、送军鞋的简单又曲折的故事,生动地表现了军民之间的深情厚谊。在唱腔音乐上,王毓宝又做了较大的改革突破,不但慢板唱腔有了大的更新,腔调增添了旋律变化,更难得的是应用了 1/4 拍的新板式,还加上了韵诵和念白,天津味儿,北京字儿,亲切动人,尤其是巧妙地糅进去的那句

"老鸳鸯调"长腔,更可谓经典之笔。

粉碎"四人帮"之后,她创演的《心中的赞歌向阳飞》是结合自己的亲身经历,强烈抒发了人民对"四人帮"的深恶痛绝之情。其中怀念周总理与文艺工作者亲切聚会的一段唱腔,恰到好处地糅进了"洪湖水、浪打浪"的曲调。特别令人难以忘怀的是,每当她唱到"我唱洪湖水,总理拍手随;我唱南泥湾,总理来指挥;再要往下唱,总理怕我累;站起身让我坐在他周围"时,王毓宝都是满脸热泪,这时也总是获得雷鸣般的掌声。我们许多亲历者,所看到的那种台上台下的强烈共鸣,是并不多见的情景,而且我认为,这也是许多演员难以逾越的。

1983年她创演的《梦回神州》,又一次获得巨大成功。在这个段子里,王毓宝大胆采用了一向被认为是极难独立演唱的《老鸳鸯调》作为基本唱腔,来表现台湾同胞思念大陆、怀念家乡的哀伤抑郁之情。词曲情绪吻合贴切,韵律深沉感人,全段曲调由低回伤怀,渐转激越昂奋;由《老鸳鸯调》转《二六板》,至结尾用新调形成高潮,发展自然,结构完整。很好地表达了台湾同胞渴望祖国早日统一的强烈心愿。王毓宝在这段节目里的演唱,声腔细腻,字韵精美,随情施声,以声助情,情深意切,达到了炉火纯青的境界。

天津时调已被列入国家级非物质文化保护遗产,王毓宝也被评为优秀中华文化传承人,获得了"金唱片"奖等无数殊荣。我认为,她留给我们的不仅是经久不衰的大量可以传世的佳作,更可贵的是她敢于不断超越自我的那种锲而不舍的对艺术的痴迷,是曲不惊人誓不休的劳瘁心安的意志,是瑕瑜择善希冀创新的学识、功力和眼界,也是天津人固有的"不服"的性格。

不服,是要以德为本

任何形式的艺术创造,无不为人的精神世界所制约,艺术家的审美情趣,品格情操,思想观念,学识才华,无一不是艺术成功之魂魄。

智者谦恭仁为先,这是王毓宝在业内给人留下的深刻印象和成功的经验。不管是什么时期,和谁共事,没有人觉得不愉快;在所谓的"谁人背后不说人,又有谁背后无人说"的普遍社会现象中,王毓宝似乎就是一位破例者。

大家都感觉,在和她接触的岁月中没有看到她与任何人闹过矛盾,也没有听到过任何人对她的不满。她不善言谈,但总是给人以大度、爽朗、慈祥、和善的记忆,使得在她身边的人,时刻感到像是生活在暖融融的春日阳光的照拂之下。

在曲艺界的旧俗中,"名角儿"、"大腕儿"是演出的核心,乐队弦师是伺候"角儿"的附属,演员可以对弦师召之即来,挥之即去。解放前,弦师的报酬要靠"角儿"赏。现在的演出分红,依然是由"角儿"按"四、六""三、七""二、八"比例分给乐队。演员拿高比例,有的甚至是"一、九"分成,即演员拿九,乐队拿一,而王毓宝从来都是与乐队平均分红。她从幼年登台到声名显赫,无论给自己伴奏的是长辈、平辈、还是晚辈,不管是演出还是排练,甚或是弦师在台上出现差错,她从未有过指责、呵斥、"耍大牌"等陋习,而是关心他们,照顾他们,无微不至地帮助他们。新中国成立初期,她改革时调时,就是由于她能团结、依靠弦师及各方人才,为人谦和,尊重他人,营造了成功的氛围。这在通常的"主角儿"、"大腕儿"身上是十分难能可贵的。因为在旧习俗中,弦师对演员唱腔的建议,一旦被演员采纳,就是属于演员所有,跟弦师没任何关系。无论是何剧种,由演员所形成的"流派",也是以演员的姓氏命名,弦师贡献再大也没有丝毫荣誉,因为弦师就是伺候"角儿"的。而王毓宝不然,在天津时调改革之初,她就非常尊重合作的弦师、作者及通晓音律的合作者。改革成功之后,她更是在各种场合和各类文章中首推弦师祁凤鸣、通晓音律的姚惜云、作者王焚等人,而从不提及自己。在她所有创演的节目中,哪位弦师参与了唱腔设计,就在出版物或舞台字幕、节目单上,写上哪位弦师的名字,而从不署自己的名字。哪怕这位弦师是自己的晚辈、学生,她也不改初衷。有一些不了解情况的观众曾发表议论:"王毓宝不会装腔儿!"她听后微微一笑,仍我行我素。前几年,她出版了专著《王毓宝与天津时调》,从一定意义上说,这是一部盖棺论定的传世之作啊!况且和她合作的老弦师、作者都已作古。可她依然如此,在这本书中,几乎看不到她在唱腔设计上所做的工作,每个唱段的唱腔设计都写的是他人。就从这一点上说,有多少名角能做到呢?

谦恭,是智者也是仁者之举。谦恭,是伴以不苟名利的。王毓宝的谦恭,也说明她是智者、是仁者,是真正的大艺术家区别于凡夫俗子的过人之处。

境界、情操、风格从来不削弱人的形象,在人们的心目中,谁又不知天津时调就是王毓宝,王毓宝就是天津时调呢?

尊师重道艺无垠,这是王毓宝又一令人佩服的成功之处。在20世纪60年代初,王毓宝作了一个令许多内外行都非常不理解的决定:"拜师!"拜谁呢?拜天津市红桥区曲艺团的"靠山调"艺人姜二顺为师。这一决定在业内引起众多议论。王毓宝已声名显赫,论影响、地位、成就,怎么能拜在一个不为更多人知晓的区属剧团的民间艺人门下呢?王毓宝在当时的身份,如按现在的话说,那绝对是时调界的"大姐大"了,她怎么不当"老大"要当学生呢?而且,在曲艺界还有"代师收徒"的习俗呢?她完全可以找一位师姐,拜在已故的、更高辈分、更大影响的艺人门下呀?可王毓宝不是这么想,她认为:"不能图所谓的虚名,要的是天津时调的长远发展,姜二顺虽然没有自己的名气大,但她确有一技之长,她会的传统曲调不能失传。当然,不拜师她也能毫不保守地教我,但既要跟人学,就要行弟子礼,就要拜人家为师。"拜师后,王毓宝不但虚心学习自己还没有掌握的东西,而且和自己的老伴共同孝敬姜二顺夫妇,直至养老送终。

洁身无染平和心,在这方面王毓宝是有口皆碑的。她在新中国成立前就不慕虚名、不攀权贵,不傍势力,生性倔强,刚直不阿。而令业内更加难忘的是在"四人帮"猖狂之时,江青一伙把黑手伸进曲艺界,经过一番"调研"和观看演出之后,他们看中了天津时调,也非常欣赏王毓宝的演唱,江青不但私下接见,而且还赠与礼物。耿直的王毓宝,不但淡然处之,不卑不亢,以"不会说、不会写"为名,不写"效忠"信,而且还有"敬而远之"之嫌,使人肃然起敬。

可她对待普通的曲艺观众,平民百姓,却非常谦虚尊重,下工厂,去农村,观众让唱就唱,让唱几段就唱几段。凡找她签名的,她都做到让对方满意为止。有的观众是她在哪里演就追到哪里,甚至说:"如果有一天,你演出时看不见我在台下了,那就是我死啦。"在对待普通的观众方面,她和马三立可谓是楷模,这两位老人,就曾多次给生活、地位都极普通的曲艺观众过生

日,知道有的老观众生病,还亲赴家中探望等等。

她生活在热爱她的普通群众之中,所以,她也是广大群众热爱、尊敬、喜欢的人民艺术家。

不服,是要以大爱为根

爱的执著,蕴涵着辛苦。八十多岁高龄的王老,不能坚持正常演出啦,但她对于自己从事了七十余年的演唱事业,怎能割舍得下呢?她身上的每一个细胞都是在为天津时调而富有活力地激昂跳跃着。她开始投入教学,自己的艺术和经验不能带走,那是属于中华民族的,属于人民的,属于喜欢天津时调的观众的。没有组织的委派,也不收受任何报酬,她在家中办班。她企盼天津时调有优秀的继承者,她恨不能后继者能超越自己。她的语言很朴实:"没有优秀的天津时调演员,就没有天津时调。"当她的弟子高辉以一曲《春来了》得到广泛赞誉、获得多项全国大奖时,她比自己获奖还高兴。在前几年她出版的专著中,还别出心裁地以附录栏目刊登该作品,她认为这个作品有创新,是天津时调前进中的又一成果,她要不遗余力地推荐。

曲艺界是非常讲究辈分的,有许多刚进曲艺团或新入曲校的学生,完全可以由她在曲艺团、曲校的弟子去传授功课。就像一位德高望重的"博导"怎能花费精力去辅导小学生呢?她没有这些清规戒律,有时同在她家上课的,既有六十多岁的老弟子,也有几岁的少年娃。不分长幼,不分专业的、业余的,也不分是天津的,还是外地的。当发现有"好苗子"时,她欢喜得像个孩子,极力推荐:"有个苗子不错,你们看看。"尤其是在一次大雨滂沱的日子,她早早地起了床,在家等候一位六岁的农村女孩。这孩子叫李思彤,全家都是种地的农民,但都酷爱天津时调。没有文化的奶奶怀着试试看的心情给天津曲协打了一个电话,问能让王毓宝教自己的孙女吗?许多人都认为这简直是天方夜谭。可没想到,王毓宝答应看看孩子,就在这一天,王毓宝在家中接待了她们祖孙俩,并发现孩子具有可塑的条件,便答应教她,并可随时来。孩子的奶奶高兴地问:"您有什么条件啊?"王毓宝果断地说:"不收任何礼物,不要一分钱,你们一个农村种地的往城里跑,花公交车钱就是负担了，我什么都不要。"功夫不负有心人，在中央电视台的第二届全国少儿曲艺大赛中，在全国赛手如林的情况下，李思彤以一曲天津时调《奥运福娃》获得了银奖。小孩的奶奶高兴地逢人便讲："多亏了王毓宝啊！这么大的一个艺术家不嫌弃咱一个种地的，上哪找这样的好人啊?! 俺孙女有福。"王毓宝爱自己的事业，爱自己的学生，甚至有的弟子说："我师父不仅在艺术上教我成才，在生活上对我的关爱都超过了我的父母。"·

王毓宝与作者合影

爱的本质，体现在奉献。因为年事已高，她不能坚持正常的业务演出了，但她的奉献从未停止过，无论是曲艺界的大型活动、义演，还是社会公益事业，抗洪、赈灾、助残、扶困，她都走在前面，从不落后。在前不久的抗震救灾中，她唱不了整段了，就带领着自己的几代弟子、由她领唱《军民鱼水情》，主动请缨参加慰问我市公安、卫生、消防赴抗震一线勇士在津的家属；天津市文联组织百名艺术家慰问"城市的名片——优秀出租车司机"，她也不顾天气炎热积极投身慰问"的哥、的姐"的活动中。为了不给主办方添麻烦，她让儿媳开车，多次出席活动，不要任何酬劳。

爱的源泉，彰显着境界。前几年，她突然患了心梗，经医院急救脱离了危险，但心脏中多了两个"支架"。身体明显不如以前了。尤其是老伴故去后，对她进行照顾、也是她最疼爱的小儿媳也下岗了。她膝下共有两子，长子在"知识青年上山下乡"运动中，响应号召去了东北，那是京东大鼓名家董湘昆的得意高徒，现在长春市曲艺团工作。鉴于她生活上的困窘，便有人向她提议，是否找一下领导把在东北的儿子调回来。人老啦！再说哪个当娘

的不想自己孩子啊？可她说："我一生中也没为个人问题找过组织，现在咱也不给领导找麻烦，国家有困难，还有那么多'下岗'的工人哪，跟他们比咱过得去，我现在不能演出了，还给安排在文艺界咨询委员会，享受终身不退休的待遇。你们不知道啊，早期的时调艺人高五姑，那可是身怀绝艺的艺人，她在1942年的冬天，因为病了不能演出就没有收入，连冻带饿再加上有病，惨死在了南市福安街益津里附近。同行们闻讯赶去想收殓尸骨埋葬，结果晚了，不知给扔到哪个乱葬岗子了，她死时还不到四十岁。想想她们，咱知足啦，不给组织添麻烦。"

这是多么朴实的语言，又是多么高的境界啊！这难道不是对我们这个时代所作的奉献、所表现的一种大爱吗？

她爱自己的国家，爱自己的事业，84岁高龄，七十余年从艺生涯，她获得了中国曲艺界的最高奖——终身成就奖。可王毓宝没有把这个奖看成终点，她还是那种不服的性格，她还要做更多的事，她还期盼着天津时调有更大发展。我们也坚信她的夙愿一定能实现，天津时调必将走向更加辉煌的明天！

嘛叫天津人的「雅」

嘛叫天津人的"雅"

——话说国学大师王学仲

天津文人的雅,具有浓郁的地域特色,与显赫的京城文人相比显得羞怯,与张扬的"海派"文人相比显得谦逊,与潇洒的江南文人相比显得平实……一句地道的天津话,叫不显摆。不期显达,唯求心安,视功名如草芥般超脱,比任何地方的文人都能耐得住寂寞。我曾以他们这种精神为荣。但近年来,游走各地,突然觉得要检讨自己的观点。诸多津门名人,竟被众多城市认领,连李叔同,这位出生在天津地藏庵的弘一法师,也竟然被浙江平湖认走,在那里不仅有李叔同故居纪念馆,而且我不知您信吗?世上真能出现让荒诞似乎能变真的怪事。我翻看《辞海》,李叔同条下竟也注明:"浙江平湖人。"再翻李叔同后人所著书籍,却连祖籍亦与彼地毫不沾边!

责任,驱使我们不能什么都"不事声张"了,历史名城应该宣传已故的名人,更要宣传健在的名人。比如,在当今文坛,若论诗、文、书、画集一身之人,有多少能逾越我津门的王学仲呢?! 他的雅,也颇有特点。

他雅在外国人为其在中国建馆

旅游观光,每个人的关注点、兴趣各有不同。我游历各地,发现当今文坛名人,在各个城市的商家匾额上所留墨迹眼花缭乱,而少有津门之客。但诸多名胜古迹、故居、寺庙、碑林所留王学仲自书自撰之诗词、楹联却数不胜数。如湖北省襄樊市隆中山武侯祠,始建东晋,历时千年,祠宇深邃,殿堂肃

整,诸葛亮、刘备、关羽、张飞等26尊塑像栩栩如生,肃穆庄严。我参观之后为一事而骄傲,该祠历代名联精匾琳琅满目,但在最重要的位置,即正厅两侧楹柱上,高悬的却是王学仲的自书自撰联:"二表深心透武略;三分鼎足见文韬。"再如江苏省四贤祠,是明代专为纪念苏轼、孙觉、秦观、王巩四位先贤而建造,四壁嵌有苏东坡、黄庭坚、米元章、秦少游、赵子昂、董其昌等名家书法,而在显赫位置仍是王学仲的自书自撰联:"八百载风流宛在,溯端明草诏,谏院正言,淮海填词,黄楼吹笛,长留芳躅辉青史;九重天日月光华,看万古江河,千秋才笔,满湖新绿,四壁琳琅,同上高台礼墨仙。"在四川省峨眉山清音阁的山门,有王学仲的"玉沙瑶草连溪碧;石路流泉两寺分"。在山东孔府孔庙、在孟府、在烟台的王懿荣纪念馆、在峨眉山万年寺、在内江市张大千纪念馆、在湖北省的米公祠……他的墨迹几乎遍布各省、无处不在,且都置于显赫位置。

各地的碑林,几乎都能见到王学仲自书自撰的诗词歌赋,且成为后辈晚生临习之范本。北京的一位评论家曾撰文说:"许多人都推崇他在1984年中原书法大赛后应百泉碑林之邀所写的《大赛记》,读这幅镌刻于百泉的书作,我们能感到一种雄强万夫的气象。感悟到江的奔腾,火的燃烧,心的激荡,人的奋发。假如说书圣王羲之当年在《兰亭序》中表现了旷古的秀美,王学仲先生的百泉《大赛记》,则熔铸了阳刚之气,表现了雄强之美。"

国人如此,国际友人也是一样。他在1992年被英国剑桥世界名人传记中心,列为世界文化名人收入传记,并聘为英国剑桥世界名人传记中心的顾问;他也曾获得美国北卡罗来纳州世界名人传记中心世界名人称号，并颁发"有成就的终身名人学术金奖"。中日复交后，日本方面派出享有"书画巨匠"之称的今井凌雪，对中国书画界进行全面考察，拟聘一名学者赴日任教。他们看到在北京站外宾厅悬挂的王学仲创作的大型国画《天风海涛图》，以及人民大会堂的巨幅国画《盘山飞帛》等作品，认定王学仲是当代中国文人画之最杰出代表。再看他的油画，则将中国画的皴擦点染等技法和油画的摆刷揉挑交相互用，形成一种中西合璧，水乳交融的艺术奇观。观其书法，楷、行、隶、篆、草，诸体皆精。并都已意深焉，因意立象，由内容赋形体，创造了一个纵横驰骋、得心应手的天地。正楷，挺秀隽雅，笔力刚劲；隶书，堂皇典雅，浑厚奇崛；篆书，冷默宏逸，悦目赏心；行书，笔若惊鸿，擒纵自如；草书，点线连绵，大气磅礴。今井凌雪考察后就提出要立即聘请王学仲作为首批赴日讲学的教授。这时美国马萨诸塞州大学以及其他几个国家的高校也相继发来聘书。经高教部批准，王学仲作为中日复交后第一位教授级专家，赴日本筑波大学任教，历时两年有余。王学仲的作品在日本即呈洛阳纸贵之势，日本各界以得到一幅他的作品引之为荣，引以为富。可他一向有求必应，慨然与之。如果王学仲想在这一岛国成为富翁，可以说是举手之劳。但他任教期满后，谢绝挽留，执意回国。行前，经日本官方与中国驻日使馆协议，由王学仲为上野火车站创作了大型壁画《四季繁荣图》。他在日本除了书画作品外，也留下了大量的诗词歌赋，且这些诗词大部分为口占而成。在日本具有"中国通"美称的今井凌雪，就曾多次与王学仲以古诗词即兴吟咏唱和。如恭迎王学仲第三次赴其寓所做客时，已知其执意回国之意，一见面便夸吟："先生平生爱中华，长安奈良似故家。"学仲抱拳曰："你我与君为伯仲，只身竟忘走天涯。""好"！每次王学仲的唱和都令今井凌雪拍案叫绝。而且多位日本名士都认为："王学仲先生的书画艺术是属于世界的。他的作品是世界的瑰宝，我们要帮助他弘扬他的艺术。"

帮助他？怎么帮呢？不知当代哪位艺术家，能靠自己的学识和魅力折服日本人自掏腰包，争着要为其盖艺术馆的。王学仲做到了，他让日本人佩服得五体投地，一干人马先后11次来中国选址、掏钱，请中国工程院院士设计图纸，要给王学仲在中国建造最有艺术特色的艺术馆。并明确建后不要

产权,不要任何条件的回报,只期能派日本学者来华学习。在选址和规划过程中,他们又提出要建两所艺术馆,一所建在王学仲的家乡——山东滕县(现为滕州),一所建在王学仲任教的天津大学。滕州王学仲艺术馆,选址在墨子纪念馆北侧,建成于 1987 年,该馆黛瓦粉墙,素净清雅,修竹绕翠,花圃飘香,荷池云影,诗碑环廊,是一处外朴内秀的庭院式建筑,已被国家定为AA 级旅游风景区。天津大学的王学仲艺术研究所,竣工于 1986 年,在教学区主干线的风景线上,面临津园湖,绿竹环绕。内设书法艺术研究工作室、国画艺术研究工作室、油画艺术研究工作室,自 1986 年至今已培养了数十名研究生,不但为国内诸多高等院校培养了众多艺术教育骨干,而且先后有日本的香川大学、秋田大学、甲南女子大学、筑波大学多位学者教授来所进修,已成为日本书画学子向往的一处学习之地。

他雅在治学上"三心二意"

现在出现一种现象,在津门之外,诸多学者都在研究王学仲。近年在山东曲阜、江苏徐州又相继建立了王学仲艺术研究所。且都是民间投资,未用政府一分钱,建筑也很宏伟典雅。在徐州的王学仲艺术馆,首开规模盛大的王学仲学术体系研究会——黾学研讨会。黾,音敏,为王学仲的号,出自《诗经》,意为勤勉。年轻时的王学仲,称黾子,晚年称黾翁。我有幸出席了两届"黾学研讨会",发现已有越来越多的各地学人投身黾学理论研究,人们在探讨他的黾学理论体系。而王学仲自己却说:"我的治学是'三心二意'。"这是怎么回事呢?

熟悉王学仲的人都知道,王学仲在青少年时期就显示出惊人的才华,国画大师徐悲鸿当年评价他:"呼延(呼延夜泊是王学仲笔名)生方在少年,其书得有如是造诣,禀赋不凡,盖由天授。方之古人,在唐则近于北海,宋则山谷,明则倪文正、王觉斯……"已故著名诗人臧克家评论道:"学仲先生是诗人,是画家,诗画并美,自古成佳话。"已故著名书法家黄绮评论道:"他对祖国的书法事业与个人书法成就,都是卓有建树的。他提出了中国书坛上的三大流派,这三大流派是一架立交桥,间错通行,百花齐放,各有色香。"著名学者周汝昌评论说:"中华传统之论才,首举诗、书、画。此三者之独为人重,是由于它们在群艺中品格最高,成就最难。能擅其一,已足名家传艺,何况三乎!而王子学仲,以兼三闻名于海内外,所以我首先申明鄙意,王子是当代中华之才人。"国学大师文怀沙评论说:"吾友黾园王公学仲,诗文书画粹然一身,为当代之荦荦大者。"当代著名作家、诗人、书法家如周而复、贺敬之、沈鹏等专家学者均对王学仲先生的艺术生涯给予了很高的评价。

这是墙内开花墙外香吗?文怀沙给我讲了一个故事:有一年,津门一年轻记者赴京请他。提出在中秋节之日,录制一海外也能收看的节目。要求现场以旧体诗即兴而赋,词牌、内容由观众现场出题,并请文老在全国范围内推荐能与其共同吟咏唱和的诗人。文老听后哈哈大笑,说:"能与我现场应和旧体诗者,唯津门黾翁也。"黾翁?黾翁是谁?记者竟没听说过。这也难怪,在我们的高等学校,许多学子竟把王学仲艺术研究所门额上书写的"黾园"读成"蝇园",还有的读成"龟园",并煞有介事振振有词地解释说:"你们知道为什么叫'龟园'吗?这是日本人盖的,他们视龟为长寿、为吉祥,所以叫'龟园'"。真是可笑复可悲也。

王学仲一生,著作等身。他在传统的哲理基础上,提出"扬我国风,励我民魂,求我时尚,写我怀抱"的四我主张和治学宗旨上的"欧风汉骨,东学西行"。在对哲学、诗歌、小说、书法、绘画等诸多门类的思考中,在《黾子》、《美学笃论》、《吼哈》、《碑、帖、经三派论》和《现代文人画论》等诸多著作的基础上,以蔽明论、归衡说、"经派"书论和书画"五象"说等为主体思想,创立了一个立体综合的学说体系——黾学。他创立的黾学学派可谓另辟蹊径,对当今学术界"有家无派,有派无学"的现状起到解构启迪作用。

那么,为什么王学仲称自己"三心二意"呢?他说:"垂垂老朽,盖'三心二意'也!即童心、诗心、佛心和人意、天意。童心入诗心,天地还本真;诗心契佛心,艺境得化境。"

他雅在坐三轮车抛亿金

在天津大学校园内,人们常常能看见一位衣着朴实的老汉坐着三轮车,

往返于宿舍楼和龟园之间,这已成为学生们热议的一道风景线,"是上访的吗?"新来校的学子多有不解。这是王学仲,是启功之后获中国书坛终身成就奖者;是天津市唯一健在的中国文联荣誉委员,此前天津的孙犁、王莘、骆玉笙曾获此殊荣,但均已作古。他怎么不坐小车呢?是没钱吗?

有人说他土,他说自己是:"人吃'紧俏'、我吃'粗糙';人好'热闹'、我好'枯燥'。"由于工作关系,我与他有着近二十年的交往。他有着比一般艺术家都敏锐的社会洞察力和奉献意识。天津市的各种公益事业,扶困赈灾,助残支教,他都热心参与,甚至自掏腰包普奖在全国书法评比中获得名次的中青年书法家。前不久,他还为玉树震灾带头捐赠作品参加义卖。这些义举,他不但都做在前面,而且从不宣传,也不接受媒体采访。这在时下文艺界,已属凤毛麟角。尤其是在几年前,他做了一个惊人之举。把自己一生中珍藏的珍贵文物无偿捐给家乡。有琅玡王氏祖藏宋本《右军后裔将相名家画像敕牒宋谱》长卷、徐悲鸿的《奔马图》、王仁堪的《小楷团扇》、唐寅的《丹青仙会图》、郑燮的书法等书画作品;春秋时期的鲁国驿站砖,战国时期的青铜剑,汉代陶俑,唐代陶马,秦朝瓦当等文物。这些捐赠品,若以市场价值估算,起码值两亿元人民币。滕州市政府根据国家关于对无偿捐赠文物者可给予适当奖励的规定,拨出200万元奖励王学仲,但王学仲却分文不收。他说:"艺术不是钱,应该把艺术看做是人生最高的灵魂,我不能出卖灵魂!"在市场经济条件下,他能有如此义举,谁能说他不是当代一名超凡脱俗的真正雅士呢?

他的入室弟子张海,已位居中国书法家协会主席。其作品的市场价值

已达两万元一平尺。可王学仲从不考虑自己作品的市场价值,而是将自己的700余幅精品,先后无偿地捐给有关博物馆、艺术馆。

他土吗? 我曾收看到内蒙自治区电视台拍摄的一部王学仲专题片,他们用了一个很长的镜头来拍王学仲坐三轮车。画面慢慢拉开,三轮车越走越远,而脸朝后坐在车上的王学仲,向大家招手微笑。他不认为自己土,而且还富有雅趣地说:"我这辆专车是'绿色环保车'。"

他的住房也极普通,和老伴、儿子、儿媳等人住在多年前天津大学分给他的没有客厅的小三居单元房。房间的墙上贴一纸条:"来访勿超十分钟。"怎么回事呢? 时间对他太宝贵啦。他还在拼命地读书、研究、做学问,在遵循着"黾翁"之名的本意:"黾勉从事,不敢告劳。"

日前,由天津市文联、天津大学共同主办了庆贺王学仲从艺80周年暨《王学仲画集》、《黾学大观——解读王学仲艺术》首发式。场面极其热烈,来自全国各地的学者,发言争先恐后。在对王学仲人生评价上,我对天津大学龚克校长的发言印象最深,他说:"王先生在不幸患脑溢血后,刚刚苏醒时,所关心的不是个人的后事,是山河的一统。他口占一首诗,我印象很深,'我自有心力未道,陆台分峙子民忧。丈夫报国满腔血,可惜空于颅内流'。这首诗体现出他对人生的态度、对国家和民族的情感,他的境界和文采让我非常感动和钦佩。我今天也斗胆打油,以表达自己对王学仲先生的敬意:'壮心不老笔犹道,耿耿耋翁计国忧。为学为人肝胆照,诗文书画俱风流。'"

嘛叫天津人的「哏儿」

今天是王毓宝八十寿辰，我心里特别激动，所以，我在
这里向大家宣布一件别人可能都不知道的秘密，那就是
——王毓宝爱我。

嘛叫天津人的"哏儿"

——话说著名相声表演艺术家苏文茂

"哏儿"是地道的天津方言,盖凡有趣儿、滑稽的动作、语言、情态、事项,天津人都会说"哏儿"。天津还是相声的发祥地,天津的地域特色对其发展起了特殊的作用。所以,连相声演员的角色分工都普遍用"逗哏"和"捧哏"两种称谓。哏儿表现了这个城市市民的一种处世哲学、美学倾向和情感表达方式,是天津人精于世故,善于体察,洞悉于内而蕴藉于外,在客观与冷静背后,用幽默化解矛盾,体现宽容与厚道的智慧。从这样的意义上讲,"哏儿"也是一种修养和境界。

苏文茂是大家熟悉和热爱的一位相声表演艺术家,人们对他台上的"哏儿"有口皆碑。殊不知,他在台下的情趣、生活中的幽默,也充分体现了一位地道的天津人的"哏儿"。

夫妻之间的哏儿

"苏文茂没啦?"

"是吗?你怎么知道的?"

"永安公墓的墓地中有他的塑像!"

"这是怎么回事?我前些日子还看见他了,身体挺硬朗的。"

这几年,每到清明扫墓的时候就能听到以上类似的对话。

原来,大家都知道马三立立碑伴妻的感人事例,即马三立在夫人故去

后,在其夫人墓穴旁边给自己也留了墓穴,并立碑写上"马三立之墓",他以此碑、此墓伴妻19年。

可很少有人知道,苏文茂却让人塑了自己的一尊铜像,在陪伴着他钟爱的先妻。无论白天、黑夜、盛夏、严冬,不论刮风下雨,还是风吹日晒,他都要呵护自己的爱妻。他怕爱妻寂寞,就把自己塑成舞台表演的造型,他要和先妻聊聊天儿,给她送去安慰,送去笑声。

更为别人不知道的是,这个举动是苏文茂现在的老伴吴润清和他一起策划的,包括审看苏文茂塑像的小样儿、修改、定稿,以及铜像的竖立。吴润清包容贤惠,深明大义。而且,她还幽默地对别人说:"不仅有人说苏文茂不在啦,而且还有好多人说我也走了。为什么? 因为我跟文茂结婚近40年了,有些活动和演出我也跟着文茂去,照顾他。许多年轻观众不知道文茂的前妻,一见面吓一跳:'呦,她怎么还活着呀?!'以为埋的是我了。但我不在乎,因为我不但理解、同情苏文茂,也非常同情他的前妻——武艳芳。她走得太早啦。"

武艳芳,是原天津市曲艺团著名的河南坠子演员,生于1925年,1940年在津献艺,形象俏丽,嗓音宽厚,唱腔独特,台风稳重。20世纪40年代就已唱红京、津。代表曲目有《王二姐思夫》、《小黑驴儿》、《战马超》、《走马荐诸葛》等。

武艳芳不但艺术好,人也好。1952年阴历正月她与苏文茂结婚,当年10月13日喜得贵子(即现在在北方曲校任特聘教师的相声演员苏明杰)。而就在他们刚刚给心爱的儿子过了"百岁儿(即一百天)",沉浸在家庭欢乐幸福之际,苏文茂便毅然决然地提出要参加"赴朝慰问团"去慰问中国人民志愿军。他说:"我的师父常宝堃在朝鲜战场牺牲了,我是他唯一的徒弟,理应继承他的遗志。"可他也是他母亲唯一的儿子呀。文茂说:"家里别担心,我一旦牺牲了,你们就是烈属,国家会管你们的。"武艳芳含着眼泪协助丈夫做老人的工作,在丈夫赴朝四个月回来时,她也给丈夫颁发了一个奖品,即省吃俭用而买的一块"大英格"手表。武艳芳持家贤惠,不但照顾文茂、孩子,而且还同婆婆、自己的老人一起住,相亲相敬,家庭和睦。尤其是她在演出之余承担了全部家务,全力支持文茂钻研业务。文茂也就是在这样老少三代、同居一间十几平方米的房屋内,创作了《美名远扬》、《学习光复道》、《满载而归》、《纸里包火》、《宁波话》、《扔靴子》等新相声作品,修改、整理了《批三国》、《论捧逗》、《文章会》等十几个著名的传统段子。

一次,苏文茂在河北省演出,家中二女儿生病,武艳芳怕影响他演出,便独自照料患病的二女儿,没想到,孩子病情加重,不治而亡。

每当苏文茂提起此事时,便说:"艳芳承担了多大的压力啊,她这是疼我呀!"

1968 年,武艳芳身患癌症,不幸去世,年仅 43 岁。

在天津某医院担任护士、待字闺中的吴润清,经人介绍认识了苏文茂。当时的苏文茂并没有现在这样风光,全家下放南郊北闸口务农,可谓上有老下有小,家徒四壁,举步维艰。可吴润清却偏偏喜欢上了他,这不仅没有地位金钱的诱惑,而且婚后既要照料婆婆,还得赡养武艳芳的母亲,共同生活,从养老至送终;她没有生育,却悉心哺养、教育武艳芳生前留下的几个年幼的孩子;她牺牲了自己的事业,使苏文茂在粉粹"四人帮"之后,佳作迭出。如《废品翻身记》、《高贵的女人》、《财神爷》、《红楼百科》、《维那斯的遗憾》等,尤其是《新局长到来之后》,在 1981 年全国曲艺(北方片)汇演中获得表演和创作两个一等奖。1991 年中国广播出版社出版了《笑林十大巨星》一书,他名列第四(即马三立、侯宝林、常宝华、苏文茂、马季、李文华、唐杰忠、姜昆、侯耀文、李金斗)。1993 年又出版了《苏文茂相声选》。每当我看到这累累硕果时,不仅为苏文茂骄傲,也为他夫人吴润清的种种牺牲而折服。苏文茂也是如此,他在跟我谈起夫人吴润清对他的支持、帮助时,虽喜形于色,但表述起来却另有情趣。记得,在他回忆吴润清一件事时,幽默地举例说:

"你吴姨当初太朴实啦,她和我结婚后,竟将她自己住了多年的一间房子交了公。至今我们想起来还忍不住地大笑,人家不收她非给,还告诉人家,这么多人有困难,我结婚了,有房子住啦。"

哏儿,为爱情增添了意义,哏儿,伴随着他们夫妻。苏文茂喜欢打牌,有时在麻将桌前一天也不觉得累,可在家中一坐就懒得动弹。搞医出身的夫人明白,到这个岁数不能总坐着,应该有适当的活动。怎么办呢?便想方设法让他干点活儿:"文茂,你看我在这儿做饭哩,簸箕里的土太多,你站起来把土倒了去。"文茂懒得动,但不能说不去,他必须得说不动弹的理由:"这可不好,我刚刚打牌赢了点儿钱,你让我去倒土,倒土倒土,往外又倒又吐,回来准输钱,不能去。"他老伴一听,他还真有词儿,得,没关系,脑筋一转又说了:"好,倒土不吉利,别去啦!你看那水开了,你去把暖壶灌上,灌满了,这是'满灌'。"得!这老两口在家就是一场相声。

同行间的哏儿

苏文茂学艺很早,但在同龄人中辈分不高。他是常宝堃的弟子,所以他得管比自己学徒很晚、年龄很小的常宝堃九弟喊"九叔"。但在相声演员中,他当官最早,职务最高。20世纪50年代,苏文茂被天津市曲艺团任命为相声队队长。那个年代,相声队名家云集,演员兼队长是一项"殊荣",而且领导艺术必须高明。为什么呢?苏文茂说:"因为我这个队长,得领导我的四个爷爷,即张寿臣、常连安、马三立、郭荣起;还要领导一群叔叔、大爷,即赵佩茹、朱相臣、白全福、常宝霆等。工作上他们听我的,私下呢?我还得伺候他们。"一次,曲艺团赴外地巡回演出,他就在生活上主动伺候师爷张寿臣。张寿臣特别喜欢装在葫芦里、揣在怀里的一只"金铃",叫起来是一种铜铃的声音,非常好听。苏文茂就每天负责这只"金铃"的吃喝。到晚上,听到隔壁的呼噜声震耳,还听得见"吱、吱"的咬牙声,原来是房子不隔音,旁边是小彩舞(骆玉笙)睡觉咬牙,苏文茂马上"抓"了一"哏",他跟师爷张寿臣说:"哼!您听,要早知能听这个声音,咱还带'金铃'干嘛!"张寿臣听了哈哈大笑。旁边睡觉的小彩舞也醒了,就翻了一句:"找骂呀!"因小彩舞跟相声界比较近,她父亲骆彩舞变戏法儿，也说相声，是马三立外祖父恩绪之徒。论辈分小彩舞跟张寿臣、马三立是一个辈儿，所以小辈儿开个玩笑是无所谓的事。而且，她也跟着乐。

20世纪80年代，在天津市曲艺团青年演员刘秀梅拜师著名单弦演员马增蕙的仪式上，我目睹刘秀梅行了拜师礼后，由马增蕙开始向刘秀梅介绍诸位长辈。

当马增蕙介绍到苏文茂时，忽闪着狡黠的眼睛说："他……嗯……管他叫……"这时，台底下参加拜师的曲艺界人士开始起哄大笑。

为什么呢？因为大家都

知道马增蕙爱和苏文茂开玩笑，而且经常拿"辈分儿"占苏文茂的便宜。

苏文茂是常宝堃的徒弟，马增蕙出身曲艺世家，从小就管常宝堃叫大哥，她年龄虽比苏文茂小，但总想在玩笑中充大辈儿。

显然，她今天又是想拿苏文茂的辈分儿找"包袱"。

这时，苏文茂在马增蕙欲言又止，大家把目光集中在他们两人身上时，迎难而上，接过话筒说：

"她不好意思说，没关系，我来介绍一下。我们的关系，大家不知道，有一次我给马三立马三爷拜年，正碰见她（他用手一指马增蕙），我刚喊完'三爷'，她就马上管马三爷叫了一声'干爹'，然后又用眼看了看我，我知道她心里的潜台词儿，这意思是：看见了吗？我从这儿论，也比你大一辈儿。

"我呢？马上问：'三爷这是……'

"马三爷说:'噢!这是我干闺女。'

"然后我说:'三爷,您也得给我提提级呀。'

"马三爷说:'提级?是工资?还是职称?需要我跟曲艺团领导说吗?我虽然不是副团长了,但他们还能尊重我,你的级别不合理,这我都知道。'

"我说:'不!不!不是级别,也不是职称。'

"'那是什么?'

"'辈分儿!'

"'辈分儿?这怎么提呀?'

"我说:'您要是给我的辈分儿提级呀,很好办,您就认我个干姑爷。'"

这时,台底下都被苏文茂的"包袱"逗得哈哈大笑,并报以满堂掌声。

可是,马增蕙仍然毫不示弱,说:"得,得,今天我也给你长一辈,我的徒弟刘秀梅管我叫师父,这么办,管你叫师娘吧。"

这又是一个"包袱",因为她拿苏文茂当女的了。

苏文茂说:"行,她是师父,我是师娘。在台上她是师父,我是师娘。至于在台下,我们俩的角色怎么商量,大家就甭管啦!"

讲话中的哏儿

一次,我在相声界的聚会上发言说:"苏文茂就是当代的张寿臣!"苏文茂对这句话,多次激动不已。因为,张寿臣当年在相声界的威望太高啦!而苏文茂所追求和看重的就是自己的形象,所以在我讲出这句话时,立即就获得了满堂认可的掌声。

按相声界的传统行规论,第六代相声掌门人赵心敏(赵伟洲之父)故去后,按同辈分大排行,他这个二师兄就成为相声界公认的第六代掌门人。所以,京津两地相声界收徒或代拉师弟都得需要他前往祝贺、讲话,以示确认。这样,他无论多忙、多累,甚至推掉有高报酬的商业演出也要赴会;老艺术家的纪念演出,如纪念张寿臣、白全福、赵佩如、刘文亨等,他都要带头参加义演;老曲艺家的艺术研讨会、座谈等等,他也一请即到。而且每次出席活动还都是他作为老艺术家的当然代表上台讲话,就这些事,也真把老两口忙得够呛。因为出席有的活动不仅要自费"打的"，关键是半天下来比演出一场还累。尤其是上台讲话，许多人都把相声演员誉为"幽默大师"、"语言大师"，所以他既不能讲套话，更不能讲重复的话，还得在任何场合下都能有"现挂"的笑声，以及把全场气氛推向高潮的责无旁贷的使命。

如2004年12月26日下午，吴润清换着苏文茂参加了一个曲艺界的盛会，即庆贺著名天津时调表演艺术家王毓宝八十寿辰。这是曲艺界的喜事，各级领导、友人、同仁及家属、弟子二百余人都来向王毓宝贺寿。精心布置的小舞台上摆满了市领导和各界人士送来的花篮、寿联、贺词、书画。仪式开始后，各方代表先后讲话，全场气氛热烈，但也有一个问题，就是会场不太安静，因为好多人都想和王毓宝寒暄问候；也有的是多年老朋友未见，不免要说几句问候关心的话。快到苏文茂讲话了，老伴还跟他说："这场合难压住场。"文茂微微一笑，走上台后就一句话，嘈杂的会场立即鸦雀无声了。因为他上台后第一句话说的是："我告诉大家，王毓宝爱我！"啊！这个玩笑能开吗？紧接着苏文茂说："今天是王毓宝八十寿辰，我的心里特别激动，所以，我在这里向大家公布一件别人可能都不知道的秘密，那就是——王毓宝爱我。"没错，他是这么说的，全场的来宾、艺术界的代表、王毓宝的学生、儿子、儿媳都惊讶地瞧着台上讲话的苏文茂，就连吃水果、嗑瓜子的嘴也全都"定格"啦。有的人朝满脸笑容的王毓宝望去，有的朝苏文茂的夫人吴润清看。此时，吴润清心里明白，这是文茂要使"现挂"啦，但"包袱"在哪儿？他怎么能解释这句话？吴润清也在静静地等着。

这时，苏文茂见全场安静下来了，便开始细解。

"我和王毓宝从小就在一起，一起演出，一起下乡，一起经历各种运动中的风风雨雨。她比我长三岁，她还有个哥哥，是变魔术的王殿英，她也非常疼她的哥哥，也非常爱我这个弟弟，有这么一句话，叫'疼兄爱弟'吗，她特别爱我这个弟弟。"

噢！这么个爱法儿呀？！这个"现挂"获得满堂喝彩。弄了半天他使了一个偷换概念的词汇。

可苏文茂的发言还未结束，他说："王毓宝大我三岁，人都说女大三，抱'金砖'，王毓宝大我三岁，可抱的不是'金砖'，是比金砖还贵重的收获，是

什么呢？我把词儿给改啦，叫：女大三，抱来'金唱片'。"

底下又一片掌声。原来，前不久王毓宝刚刚获得中国唱片社颁发的、在国内外享有很高声誉的"金唱片"奖。当时，天津曲艺界只有骆玉笙、马三立获此殊荣，王毓宝是天津曲艺界第三位获奖者。

这个"现挂"，结构巧妙、才思奇特，充分体现了苏文茂深厚的艺术功底。

嘛叫天津人的『精气神儿』

嘛叫天津人的"精气神儿"

——话说老作家杨润身

人需要有点儿精神,这句话在天津人的口语中,常被称为精气神儿。孩提时,每每受到长辈训导,便会听到"你得有点儿精气神儿"这句话。进入老年,若得到夸奖,人们会说:"瞧这老爷子的精气神儿。"精气神儿这句话,既包括人的精神面貌,也有对人的思想境界、浪漫追求及生命不息奋斗不止的赞誉。

要说精气神儿,在我脑海中首先会出现的是津门老作家、88 岁高龄的杨润身。谁能比啊?功成业就的"老八路"作家,今日仍深入生活在日常起居不便的乡下。进入古稀之年以后,每年还有数十万字的优秀作品问世。时下,他的第九部长篇小说《艰难的跋涉》,即将由百花文艺出版社出版。天津市作家协会即将举办"庆贺杨润身从事革命文艺工作 70 周年暨《艰难的跋涉》首发式"。庆贺活动的主旨,最重要的就是在天津市文化大发展、大繁荣的攻坚战中,全市的文艺工作者要像杨润身那样,抖擞起拼搏奋进的精气神儿。

晚年,要读懂一个福

2009 年夏天,发生了一件让我心惊肉跳、时至今日仍有些后怕的事。在庆祝中华人民共和国成立 60 周年的前夕,西柏坡博物馆要举办"新中国从这里走来——柏坡魂书画展"。我接到杨老从平山打来的电话,说:"请有

名气的书画家，有个费用问题，他们没有钱，便找到我……"我一听就明白了，便说："天津的书画家一分钱不要，作品全捐献，书画家出席开幕式的费用由我们市文联负责。"那天，我带领数十名书画家出席了在西柏坡的开幕式。没想到，在博物馆前广场举办的开幕式，酷暑难耐。许多老将军、知名人士抒发激情全都争先恐后，时间有些长，杨老又谢绝落座或中途退场。他在台上是神采奕奕，可刚进入博物馆参观时，突然休克了。大家吓坏了，我更是紧张万分。他是著名电影《白毛女》三个编剧中，硕果仅存的一位"老八路"作家，是津门的骄傲……经过抢救，他苏醒了，在医院中还惦记着展览。当时，我们执意劝他及其家属，一定要回天津。那里有他应该享受的高干病房和先进的医疗保障，起码应该回津调养一下。

谁说也没用，他在农村正赶写长篇小说《艰难的跋涉》。他的子女说："这样的情况发生过多次，也怪了，他在农村一投入采访和写作，仿佛就能治病。"

记得 1958 年秋天，他在平山县见识了"食堂吃饭不要钱"，目睹了农民怠工的所谓"共产主义生活"，憋着一肚子气，在一次学习中，也放了一炮。结果被定为右倾机会主义分子。不久，健康状况恶化，气得患了肝硬化、肝腹水。医生告诉他："你这个病，是绝症。最多活不过两年。"杨润身在医院经过短暂休息后，即返回平山。家乡的沟坡丘陵、枣林温泉是他心灵的根据地，在那块熟悉的土地上，他脚下有根，觉得温暖。他伏身在灯影下，把全部情感投入到写作中，短篇小说《王二小接闺女》在《人民日报》发表。随即一发不可收的创作势头，使他成为常在《人民日报》、《人民文学》等报刊上出现的优秀作家。生命的奇迹伴随着他的笔耕不辍,使他步入了文学创作的又一个高峰期。

没想到,一场浩劫降临了,他经历了九死一生。"文革"后期,他出了"牛棚",落实了政策。大家劝他,年岁大了,该休息休息了,起码也应该养养身体啊!他说:"人需要补充营养,我的营养要在人民群众的伟大实践和丰富多彩的生活中汲取。我的生命就是写作。为老百姓树碑立传,是我的光荣和幸福。"

他又回到平山,县委决定让他挂职县委常委。他自己"约法三章":一是不享受常委待遇;二是小车不坐,送礼不要,私事不办,请客不到;三是下乡吃饭按规定付钱。

他与农民朝夕相处,一起劳动,一起吃住,一起谈天说地,一起品味苦乐,同群众结下了血肉相连、情同手足的深情厚谊。他说:"我处处感受到父母之爱,乡亲之情。雨中,送我一把伞;雪中,拉我进暖屋;病中,为我煎草药;遇险,帮我度安然……"从而使他获得了不竭的生命活力和不尽的创作源泉。有一天,九庄的一个老党员眼含泪水找到他,诉说了时任村支书横行霸道、胡作非为的情况。他立即奔赴九庄,吃住在老乡家里。倾听农民的诉说和呼声,详细了解、掌握了这个"土皇帝"违法乱纪、欺压百姓的第一手材料。随即便把农民的忧虑、悲愤带到了平山县委。不久,便将这个欺压农民的村官拿掉了。杨老还以此事为背景,用亲历的体验和独到的感悟,写出了长篇小说《九庄奇闻》。

还有一次,柴庄的农民对他说:"一切向钱看的风头儿、势头儿叫人受不了哩!应该破一破这风气儿,挡一挡这势头儿啊!"他即刻深入柴庄,在搜集、采访了大量的事实资料后,奋笔写就了长篇小说《魔鬼的锁链》。

平山县的农民们,把他看成是最可亲近、最为信赖、也最能为他们办事的作家。于是,在他的住处,每天都有不断涌来找他诉说心里话或告状的农民,最多的一天达30余人,依次挨个儿排队等候。杨老为此陪上时间,还要管饭,日夜不得消闲。他终于累倒了,可又不肯怠慢农民。县委领导实在看不过去了,含着泪关了他的"禁闭"——强行把他反锁在屋里让他休息。

一个作家,有谁能与农民有这么深的感情啊?他一次次病倒回津治疗,

一次次未等痊愈就又回到他割舍不下的农民兄弟之中,于是一部又一部作品也从他的笔端流淌出来。除了《九庄奇闻》、《魔鬼的锁链》外,还有《风雨柿子岭》、《白毛女和她的儿孙》、《天堂里的凡人》、《危险的火花》等多部长篇小说。另外,还有中篇小说《失落的"无价之宝"》、《实在王的悲欢》和散文集《每当我走过》等。人们不理解,"文革"后,他从年近花甲下农村,到今日耄耋之躯的30余年,哪来的这种精气神儿呢?他说:"作家把群众的喜怒哀乐放在心上,是天职和本分,是义不容辞的责任和义务,写出人民的苦与乐,是对自己的安慰,也是一种人生的幸福。我如今虽然年已88岁了,但只要能动,我就要享这个福。"

人生,要认识一个我

他鄙视虚伪,崇尚农民的朴素和淳朴。在人们的印象中,他永远都是一个憨厚的农民形象。无论是出席党的代表大会、文代会、作代会、受中央领导接见、接待外宾……无论多么"正式"的场合,都是一身洗得近乎发白的灰色中山装。他从不穿西装,更不掩饰自己农民式的喜怒哀乐。

20世纪50年代初,电影《白毛女》的问世,使他成为众人仰慕、炙手可热的名作家了。一次,他和一起参加革命的文艺工作者去长春电影制片厂参观。别人的穿着已经很时髦了,可他仍是对襟褂子、卷腰的大裤裆棉裤,粗布衬衣,大光头,一口冀中农民口音。厂方盛情接待,准备了丰盛的西餐。他进门一看,没劲,外国人怎么吃这玩意儿,而且又是刀子又是叉子的,拿这个东西吃饭,别扭。他转身就走,到门口一个小铺儿,吃了两屉包子。

他的好友、黄世仁的扮演者陈强开玩笑地管他叫"大老赶"。并劝他:"生活好了,该换换'行头'了。"他舍不得,但不爱财。电影《白毛女》和《探亲记》的奖金、稿酬近两万元,他一分不留,全部交了党费。当时这两万元可是一笔相当可观的数目啊!

在平山县百姓中有一传闻:别小看任何一个其貌不扬的普通老农民,有可能他就是中南海里的"座上客",能直接向党和国家领导人反映基层状况。所以,像杨润身这样的老干部在当地备受尊重,每当县、乡干部调整、升迁,当地有关领导都免不了要征求这位挂职常委的意见。有些试图跑官送钱的人，便不断叩门，有的一送就是好几万。每次杨老都非常气愤，连看都不看地将他们轰出去，并严词斥责："我绝不干所谓天知、地知、你知、我知的下流勾当！"

前些年，他的儿子、儿媳双双下岗，"文革"中插队的女儿至今仍在内蒙古务农，孙女又患病，负担很重。有人劝他："您这种身份，找找天津市的领导或跟县里说一声，给孩子找个赚钱的差事吧。"可他认为："我的孩子占一个岗位，别人就少一个岗位。"他不找任何人，并教育子女体谅政府的难处，鼓励他们自己解决困难。

由于他长期生活在农村，掌握的素材、故事很多，自己岁数大了，写得慢。所以他很愿意把诸多"独家新闻"奉送给别的作家。如冯骥才写的短篇小说《石头说话》，其核心内容就是杨老提供的。这篇小说，后来被天津电台改成广播剧，还获得了中宣部"五个一工程"奖。当作品获得好评时，杨老从不向任何人显露提供素材的还有个"我"。

他写的农村反腐败内容的长篇小说《危险的火花》出版后，有一个人认为书中腐败的原型指的是自己，便凶狠地扬言要劈了杨润身，杨润身听罢只是回以一笑，丝毫不考虑自己的安危。

有个"腰缠万贯"的暴发户，慕名找上门来，说："你写的文章影响大，给我写一篇报告文学吧，我给你钱。"杨老气愤地一指他，说："你拿着钱出去，多少钱我也不为个人树碑立传。我不能出卖自己，我老杨，是一个大写的'我'。"

处世，要明白一个情

在乡下，有一件小事让杨润身流泪了。许多人不信，因为谁都知道他是一个铁骨铮铮的硬汉子。

1941 年，他才 18 岁，就担任了剧团指导员。一次，在和日本鬼子的战斗中负伤昏了过去。战友们以为他牺牲啦，在撤退时匆匆将他掩埋了。第二天他醒来，扒开身上的土，没掉一滴泪，又追上了部队。

　　"文革"中,江青在 1968 年 2 月 21 日"中央文革小组"召集的万人大会上说:"天津市有反革命'黑会'、反革命'黑戏',他们妄图夺取文艺界的领导权。你们看过电影《探亲记》吗? 希望你们看看。那是一台'黑戏'。是反对伟大领袖毛主席的'人民战争'思想——'修'到家了……这部电影的作者杨润身,是'黑会'的积极分子,曾经出过五千块钱暗中资助……一定要把他揪出来!"杨润身大难临头,揪头发、坐"飞机"、抽嘴巴子、打棍子……一天死过去五六回。他没掉过一滴泪,再疼也不吭一声。在批斗现场,有人拍照,他就是不低头,不认罪,对着镜头怒目而视。

　　下放到"五七"干校放羊,人们没见他发过愁,还经常哼着自己编词的平山秧歌调。他为了给思想压力大的"牛鬼蛇神"们做工作,想出的招都绝了。在放羊时,他说:"你们知道怎么在累的时候能解乏吗? 大家注意,我表演一回。"然后他躺在地上打了一个滚儿,说:"驴、骡子,干完活儿,为什么在地上打个滚儿呢? 为解乏,这样一滚就不累了。"所有的人全乐了,寓意太深刻啦! 这是在嘲弄那些"造反派"不拿知识分子当人啊! 大家心领神会地捂着肚子笑。

　　这样的一个硬骨头、乐天派,为了一件什么事流泪呢?

　　那年夏天,他到中贾壁村下乡。路上实在口渴,就拐进一片菜园,让老乡卖他两个西红柿。一听这话,人家就笑了,说:"买什么呀? 您这么大年岁了,随便吃吧。"他吃完后,掏腰包,坏了! 一个子儿也没有。便急忙折回县城,找熟人借来五毛钱,又回来还账。那位农民仔细打量面前汗流浃背的老人,动情地问:"您是老八路? 现在,还真能碰到你这样的人啊!"一句话,杨润身流泪了,他痛心啊,现在有的干部破坏了干群关系,在给党抹黑;他激动,人们还留恋当年的老八路;他欣慰,自己没变,老百姓能慷慨地送给自己这样的一张"奖状"!

　　他要求自己更苛刻了,农民发生争水纠纷他跑去调解,为双方立下"和解书";青年人自由恋爱受到家长不合理干预,他苦口婆心地做思想工作,成全美满婚姻;路上遇到突然病倒的农民,他立即将病人送到医院;他乘坐长途汽车,主动给抱孩子的妇女让座。有一次,一伙山民因为争水双方动起了铁锹和锄头,路人畏惧不前。他扔下自行车,冲到人群中间,伸出双手,攥住了砸向对方脑袋的锹柄。厉声加以制止，平息了事态。之后，又动之以情，晓之以理，帮他们圆满地解决了争端。在一个寒冬腊月，他在县城农贸市场看到一个脸色苍白、眼睛红肿的小姑娘。作家的敏感，让他了解到小姑娘因生活贫困而失学时，立即找到县教育局，为其免掉学费，让她重新回到了学校……

近两年，和他相濡以沫的老伴病倒了，这使他很难过。他忘不了，这位生在西柏坡，曾多次与毛泽东、周恩来、朱德等老一辈无产阶级革命家拉家常的农家姑娘，在他政治运动受冲击时给以强大支撑的战友，风风雨雨六十年的贤内助。

他老伴姓闫，我有幸曾和她在一个单位工作了几年，是我们非常尊重的抗日战争时期入党的老革命。她长年分管文化系统的老干部工作。喜欢我们晚辈喊她闫大娘，反对喊她闫老，她觉得喊大娘像一家人、亲切。我们这一代人，是 20 世纪 50 年代末或 60 年代初开始学艺的。她看着我们一步步成长，我们也知道她许多令人敬佩的事迹。"文革"中，杨润身被关进"牛棚"，戒备森严。那些所谓"精明"的"造反派"在这位老革命面前，简直就是小丑。她能躲过"造反派"的严密搜查，给老杨送信。鼓励他挺住："活着回来！""文革"结束后，她可以大度地对待凶狠殴打杨润身的人，但至今也不原谅自己的亲生女儿。这件事是所有认识、尊重她的人都非常痛心的。那年小女儿才 15 岁，在"造反派"的教唆下，她声明和父亲划清界线，并揭发"杨润身开黑会，企图谋害江青"。女儿当兵走了，她不送。女儿回天津了，她不让进门儿。女儿承认错误，各级领导、战友、包括杨润身本人，谁劝都不行。这位倔强的老太太认为："一个老革命的家庭不能有这样的后代。"太痛心啊！我们这些做管理工作的干部，总觉得工作没做到位。事隔四十来年啦，应该让女儿回家啦！何况小女儿当初还未成年呢。

闫老病倒了，但思维清楚。她最怕的是自己影响老伴写作，而杨润身又觉得妻子为自己付出太多了，在市内的小女儿她不认，唯一的儿子负担也很重，自己应该伺候她。怎么办呢？夫妇俩达成了一致的意见，一起去农村。杨润身可以一边伺候老伴一边创作。在那次"柏坡魂书画展"中，我又看到了这位有着同样精气神儿的闫大娘。这对相濡以沫 60 余年的夫妇，在农村

悄悄地度过了俩人的"六十年钻石婚"。没惊动任何一个人，没增加一盘美味菜肴，他们是在享受自己亲手写下的美好文字中的美好境界，在美好的时代，庆贺自己美好晚年的。

杨润身说："人，苦恼有苦恼的结局，乐观有乐观的收获。我情绪丰满，不思年老，制服苦恼，战胜疾病，还要写下去。"

这就是我们天津老作家杨润身的精气神儿，这个精气神儿，是他源自深层次的对"福"字的理解和追求；对"我"字的坦诚和无私；对"情"字的修养和珍惜。在这种境界中，他自享其乐，并在不停歇的拼搏中，凝聚着从事革命文艺工作的永不懈怠的精气神儿。

嘛叫天津人的『嘎』

嘛叫天津人的"嘎"

——话说相声表演艺术家杨少华

嘎,是天津人的一种幽默表现,也是人的意识、性格、情感、意志、乃至心理状态和所谓潜意识的风趣表露。无论是车间、工地、学校、机关,总有一个甚或几个被誉为"嘎"的人,而这些人往往极有人缘并被大家拥戴。因为人们茶余饭后需要他们调节气氛、放松情绪。"功夫超凡"的嘎,往往还是针砭时弊、言别人想言而不敢言的勇敢之辈。

近日,我们在天津电视台热播的电视连续剧《杨光的快乐生活》中,又一次看到了相声表演艺术家杨少华,该剧从 2006 年第一部到今天的第五部,都没缺少杨少华,而且他还都是扮演主要角色。他,就是我们天津人中具有典型风格的嘎人。他,在台上能凭借一副"装傻充愣"的嘎劲,成为老来红,享誉全国;在台下,他的嘎,也颇见功夫、水平、特点,为许多嘎人乃至相声演员望尘莫及。

嘎,能让当权者无奈

现在许多观众都以为杨少华是一个专职"捧哏"的相声演员,只知道他给马志明、赵伟洲、杨议等人"捧哏",而不知道他在"文革"前也是一位功力深厚的专业"逗哏"演员。

20 世纪 50 年代,他供职于天津市南开区曲艺团,给他"捧哏"的是马志存。那时候,大众传播媒体还不发达,听相声都得去剧场。当时,是每天下

午一点半开场，晚十点散场，中间不休息。观众随时可以进出，计时收费，十分钟二分钱。这种场合，完全看演员的功力了，如果你一上场观众就拂袖而去，后面的演员就不好演了。那时候的杨少华，靠自己的传统功底和舞台上的机敏，已成为该团的中流砥柱，很多观众愿意看他。在相声圈中，他也是一个乐天派，经常以超乎寻常的"犯嘎"，在相声演员中抖响"包袱"。可好景不长，在他34岁那年，一场浩劫降临。"文革"中剥夺了他们上台的资格，他和该团的于宝林、冯宝华、魏文亮、田立禾、马志存等人集体下放工厂劳动改造。而且还得随时接受"工宣队"领导的训话和教育。他们太压抑了，即便是相声演员们单独在一起也少有笑声。可杨少华不然，他可以在任何场合犯嘎，并时常显出"专业"水准。

记得在一次全团大会上，工宣队领导"身先士卒"，非让大家给他们提意见。当时每个演员都心惊肉跳，谁敢给决定自己命运的人找毛病呢？可是

工宣队太"诚恳"了："金无足赤，人无完人，我们难道就没有缺点吗？"他逼着让大家提意见。会场安静极了，空气都快凝固啦。这时，杨少华率先打破僵局，忽地站起来，理直气壮，大声地说："我给你提意见，你们工宣队太不像话啦！"他语出惊人，敢说工宣队不像话，太厉害了！在当时，团内所有的当权者全"靠边"了，工宣队是最高权威的领导机构，他们一句话就能把演员打成现行反革命。杨少华疯了吗？在场的全体演员都愣了，工宣队一听这话也傻了，心想："我们怎么不像话啦？"这时，杨少华煞有介事地掏出手绢抹眼泪，说："你们工宣队不像话呀，这么没日没夜地干，太不注意自己的身体了，这身体不是你们自己的，

是革命的本钱呀……"

有这么拍马屁的吗?! 他煞有介事地哭,可一滴泪都没有。工宣队领导这才明白他犯嘎,可人家这是表扬你,所以急不得,也美不得,太难受了。

这时在座的相声演员全都忍不住了,捂着嘴儿地乐,虽然不敢笑出声,但这种发自内心的笑,太痛快了!

嘎,能警醒执迷不悟者

20世纪80年代,杨少华调入天津市曲艺团。在出门巡回演出的过程中,杨少华依然是"犯嘎"的高手。不论在什么地方,什么场合,只要他一出现,准是笑声不断。

有一天,碰到两位来采访的女记者。没想到,在采访过程中这两人竟鼓吹起当地一个寺庙供奉的"神仙"如何灵验,什么"有求必应"、"经常显灵"等等,神乎其神。在一旁的杨少华不愿意听了,他别有用心地开始吹捧在旁边坐着的马志存,说:"你们说的都是听来的,今天我给你们介绍一位真人。这位马志存马先生算命才真灵,八八六十四卦源自《周易》,《周易》是科学。马志存在高等学府讲《周易》,《周易》能倒背如流。"此时,马志存心领神会,他知道杨少华又要犯嘎了,而且把自己推到了风口浪尖。他还不能驳,便假装谦虚:"不行,不行,能人还有的是。"

这两位记者一听,他没否认,还挺客气。便寻思,越是谦虚的人越有能耐,我俩不能放过这位能人啊! 于是,她们非让马志存露一手。这时杨少华更来劲了,他埋怨马志存,说:"你这么大岁数了,人家俩孩子这么诚心诚意,你就露一手呗!"

这时,马志存佯装为难地冲着杨少华叹了一口气:"跟你我真是没办法,这么着得了,今天我心情好,先试着露一手,我背过身去,你们随便摸自己身上的一个部位,就一下,别让我看见,然后我不转身,就能说出你摸的是什么部位。"

"啊? 这可能吗? 咱试试。"

于是,马志存转过身去,一名记者快速地摸了一下自己的胳膊。马志存

马上就说:"你摸的是胳膊。"

"对!"紧接着她又摸了一下腿。

马志存说:"腿。"

那个人又用两个手指头捏了一下自己的袜子。

马志存说:"袜子。"

"神啦! 全对。"

"行啦,今天就到这儿了。"马志存说,"我累了,该休息了。"

这一下,把那两位记者惊得瞠目结舌,全给震住了。她们认定,眼前这位马志存就是大师、大仙儿,俩人便寻思着绝不能放过这位奇人。

这时,杨少华接着"打托":"马先生一般不轻易外露,在天津好朋友找来,那都得是厚礼。"

这俩记者听完就往外跑。杨少华说:"嗯! 等着吧,这俩'空子'(即外行)已经上当了。"

一会儿,两名记者风风火火地又跑进来了。怀里抱着刚买来的水果,说:"没别的孝敬大师,我们买了点儿苹果,您二位渴了,赶紧吃点儿吧。"

杨少华一瞪眼:"你们这可不好,我们怎么能吃孩子的东西呢? 我们马先生可从来不沾铜臭,这不行,不行! 快拿走。"

这俩记者急得都快哭了。杨少华一看到火候了,说:"我替孩子再求你马志存一回,你再来一次。这回我出主意,把苹果放成一排,你离开这间屋,她们二人对其中的苹果随便点一下,然后喊你进来,你告诉她们点的是哪只苹果。"

马志存离开房间,那俩记者眼睛

盯着马志存,生怕他偷看。俩人点了第一、第三、第四只苹果,随后请马志存进屋。马志存假装端详了一下苹果,说:"嗯!这回你们摸的不是一个。"然后便指着第一、第三、第四个苹果说:"就是这三个。"

杨少华马上说:"得!这三个是供果了,我得吃。你接着来。"

然后,马志存出屋,回来后接着猜。

一会儿,所有的苹果就都成供果啦。

杨少华一看苹果全留下啦,便接着跟两位记者说:"没意思,马先生真正的能耐,是判断吉、凶、祸、福,别人谁也不行。今天就到这儿了,我们得准备演出了。"

两个记者晚上来到剧场后,很神秘地跟杨少华说:"拜托您,我们取了一笔钱,想散场后,让马先生再给算算。"

她俩真上当啦!

马志存听完后哈哈大笑,跟杨少华说:"得,该找'底'啦!你不能白吃人家孩子的苹果。"

散场后,杨少华把俩记者叫到旁边,告诉她们:"你们是记者,是向大众传播事实的人,要当唯物主义者。但是,你们要是不上一次当,就不知道迷信是怎么回事儿。我们这苹果不白吃,也教你们一手。"于是便向她们透露了谜底。

杨少华说:"我们俩是合伙'行骗'。第一次,你无论摸身上的哪个部位,我就用我们的'春点'(即行话)告诉了马志存。胳膊叫凤翅,大腿叫金刚,袜子叫熏筒儿。你们听不懂也不在意,我一说他可就全知道啦。第二次,你们摸苹果。更简单了,我用"得、来、猜、瞧、看"五个字,代表一、二、三、四、五,你们摸一、三、四时,我把马志存叫进屋,说得了,你猜,好好瞧啊!我说这几个字谁都认为很正常,可这是暗语,这是过去江湖骗子惯用的歪招。"

两个记者恍然大悟:"我们太傻啦!"

杨少华继续犯嘎说:"你们这叫拿苹果换能耐。你别不信,你要是把你们家的钱都给我,你的能耐就更大了。"

嘎,能为自己困窘解围

　　20世纪80年代初,天津市曲艺团紧跟全国改革开放的形势,率先打破"大锅饭",试行承包经济责任制。在当时,演员的积极性得到了充分的调动,为了创收和增加演出场次,他们经常到外省市的县城去演出,而且相声演员最累。有一次,领导让杨少华临时给刘俊杰"捧哏"。那天,他们俩从一个县城的火车站往另一个县城去,可上火车的人太多了。杨少华一看自己这身体不可能挤上去,但时间不饶人啊,下一个县城把演出票全卖光了。那时,街上也没有出租车,怎么办呢?当演员的最忌讳误场。杨少华便跟刘俊杰说:"小子,咱不能误事儿,这趟车若挤不上去就坏了。咱这么办,我在前面挤,你在后头推我,咱得上去。"当时刘俊杰正年轻,说:"没问题。"火车还没进站哪,两人就做好了准备,车一停,门一开,刘俊杰在后面一使劲,"哈!上去了。"可上去是上去了,坏了。在两节车厢的中间,把杨少华挤得两脚挨不着地。农民兄弟们可是真有劲儿,杨少华年龄又大,身上全是骨头没有肉,这时间长了,挤不残,晚上也没法演了。这时杨少华又准备犯嘎了,他慢吞吞地跟刘俊杰说:"小子,不行!再挤一会儿,我就成皮影人儿啦!到了下个剧场,咱甭说相声,你就要我就行了。告诉你,可别着急,我得使'腥门子'!""腥门子"是一句行话,意思是我得使假招了。刘俊杰心想,这能有什么招啊?他脑子还没反应过来呢,就听杨少华大喊一声:"不好!我要吐,啊⋯⋯"他做呕吐状。周围挤他的人一看,哗——全都向四周让开了,谁都怕吐自己一身啊。可没过两分钟,呼啦——又把他挤得脚离地了。他又演一回:"我还是想吐,啊⋯⋯"大伙又往四周躲。到了第三回,他想不行,便一捂胸口倒在旁边旅客身上了,他不敢躺地下,怕别人踩着。这时列车长过来了,赶紧把自己的卧铺让给他了。他还装着有气无力地一指刘俊杰,说:"不行!他得照顾我。"刘俊杰也得了一个卧铺。等到了剧场,不知其中原委的演员们都围住了夸他,剧场经理也赶来谢他,说"这老艺术家责任心没比啊!"没误演出,他高兴,还吹呐:"我当初要是当八路,那就是英雄。"然后又跟刘俊杰说:"怎么样?学着点儿。""啊?!还学呢?都快把我吓死啦!"

嘎,能使自己永葆青春

嘎,也是一个人的精神面貌,更是人的心态、境界的体现。

嘎,使他笑对困难。在杨少华的人生中也有许多艰难,20世纪60年代,是他人生之中的苦旅。五个儿子都未成年,老伴没工作,还赶上三年自然灾害。那时候都吃大锅饭,没有奖金和额外津贴。可谁也没见他有过愁容,而且哪里有他哪就有笑声。微薄的月工资难以糊口,他就偷着去"撂地"卖艺。上午去赶庙会,晚上离开剧场后去郊区火车站。后来,他被举报挨批了,但心态不改,说:"这是表扬我,没能耐的谁能赚这个钱啊?!"

嘎,使他身体健康有人缘儿。我们数十年和他接触,谁也没见过他锻炼身体、谈养生,可也没听说过他患病住院,甚至连头疼脑热似乎都没发生过。在他周围的人群中,无论长辈、同辈、晚辈,谁都能和他开玩笑,说深说浅都没事。

嘎,能使他担当大任。2002年,中央电视台要举办"首届全国相声大赛"。这是一次高规格的比赛,其最小的儿子杨议报名了。可谁给他"捧哏"呢?杨少华的嘎劲儿又来了,"我也报名参加比赛"。有人劝他:"除了年轻的演员,没有您这么大岁数和这个辈分的专业演员。您都给马三立大师捧过哏,台下的评委又是晚辈,您这不是栽面儿吗?!"他说:"我就要在大点儿的范围现眼。"在那次大赛上,杨议不负众望,得了一等奖,杨少华也获得一个最佳荣誉奖。上台领奖时,杨议的眼睛湿润了。父亲对自己的爱是那么深沉,他是不顾70多岁的高龄、冒着不能获奖的尴尬来参赛的啊!

嘎,能让他承当各种角色。2006年春,第一部20集连续喜剧《杨光的快乐生活》在全国各电视台热播,紧接着又拍了四部续集。杨少华在戏中都有上佳的表演,其中很重要的一条,就是嘎,给了他很多的生活积累,让他在晚年仍然不落伍;嘎,丰富了他的喜剧才能。

杨少华,我们祝愿您永远是一位年轻的、永葆艺术青春的、受全国观众欢迎的可爱的嘎老头。

嘛叫天津人的「豪气」

嘛叫天津人的"豪气"

——话说文艺老战士方纪文

　　天津人的豪气,被许多人误解为江湖气。这与某些小说、影视剧描述有关,即上刀山、下油锅也面不更色,口不求饶,否则叫"栽了"、"尿了";为哥们儿两肋插刀,杀富济贫,即为侠肝义胆,一身豪气。这实际上都没有离开"混混儿"眉宇之间所透露出的匪气,绝非能真正代表天津人的豪气。天津人的豪气,应为凛然正气,威武大气,智勇双全之气。史有1870年天津教案中的火烧望海楼,1900年的义和团攻打天津的外国租界等等不数枚举。今天,在我们身边也有着诸多琴心剑胆、豪气冲天的典型。如我所在单位的老领导、文艺战线的老战士方纪文,就是一位令人敬重的一身豪气的优秀代表。解放前,他接受党的指派从延安来天津,舍生忘死打入伪市政府,获得市长杜建时的器重。获取大量重要情报,解救我地下党员,为解放军攻占天津智取敌伪城防工事图。在解放军进攻天津的炮火中,他又孤身策反敌伪人员占领伪市府大楼,接受党的指令完整地保护了敌伪档案,继尔,又在活捉伪市长杜建时时立下奇功……

　　他是1914年生人,今年已96岁高龄,仍精神矍铄、笔耕不辍。参加革命73年了,这73年是他传奇、奉献和充满豪气的一生。

儒将虎胆入敌穴

　　他出生于冀县大方家庄的一个书香门第,其父在清末考取"拔贡",继又

奉派日本留学,且深信教育救国的理论。将家中积蓄和自己的学识全部倾入家乡教育及办学之中,深得家乡人民拥戴。1937年,日寇向中国大举入侵之时,他义愤填膺,坚决拥护全民抗战,并毅然将身边的三个儿子全部送到抗日前线,作为长子的方纪文于1937年在西安八路军办事处参加了革命,由于幼小随父苦读经书,转年组织上便将他送进延安鲁迅艺术学院深造。l940年被派往晋察冀边区的西北战地服务团,并开始了战地创作生涯。当时,他撰写的歌词,多次由曹火星、王莘、劫夫等著名作曲家谱曲,在部队和群众中广为传唱。人们都认为,凭他的才气,日后定会享誉中国文坛。但党组织出乎他预料地作了一个决定,派他到敌占区工作。1942年秋季,方纪文同志到河北唐县组织群众进行反扫荡斗争并兼办《反扫荡》小报。他机智勇敢,曾在敌强我弱的情况下,主动出击,带领战士活捉数名伪军,成为威震一方的虎将。

中共北方分局慧眼识才,在1943年秋,也就是方纪文接近"而立"之年时,又委派给他一项更艰巨的任务,让他以一个"纨绔子弟"的身份,潜入天津。首先是接触天津工商界的上层人物,站稳脚跟,取得信任,进行抗日救

国的统战工作。当时,他巧妙地找到了一位远亲表兄李惠南,并利用李惠南时任宏钟酱油公司总经理、天津市工商联合会常务理事、在社会上联系面广、知名度高的优势,广泛接触工商界人士。人们看他好似"游手好闲",实则却充满智慧。他恰如其分地以"第三者"的身份,高谈阔论地讲述共产党的政策和抗战必胜的光明前途。近而,又在工商界人士中宣传、传阅毛泽东的《新民主主义论》,使很多工商界的实力人物消除了对共产党的误解和悲观情绪,转而支持或同情共产党团结抗战的政治主张。他团结的工商界中的李惠南、朱继圣、朱梦苏、何宗谦、孙冰如等人在解放后都成为爱国民主人士,进入工商联,李惠南还被任命为天津市财经委员会工业处处长。

抗日战争胜利后,国民党接管了天津。党组织又指示他打入国民党天津市政府。他托表兄李惠南,找到了当时担任市政府秘书长的吴焕林老先生。

吴老先生是一位知识分子,当他看完方纪文的履历后,神情诧异地问,你叫方纪文? 冀县人? 冀县有一位方兰阶先生……当方纪文说那就是家父时,吴老先生简直欣喜若狂,站起来紧紧握手,连称:"名门子弟、名门子弟……你明天就可以来报到了。"

方纪文父亲是教育界的名士,学识渊博,人格高尚,声名远播。在关键时刻,父亲的声名也为儿子打入敌人内部帮了大忙。

从此,方纪文就成为活动于天津反动政权高层的唯一一位地下党员。

进入市政府后,他被分配到国大代表选举事务所。虽然在伪政府得以立足,但很难获取重要情报。于是聪明、机敏的方纪文依靠自己的才能调进了要害部门——新闻处。由于方纪文写得一手好文章,又善于巧妙周旋,备受当时的新闻处长梁宝和的依赖和器重,许多重要的事情都交给他办。他也利用在这个岗位上的便利条件,频繁地与天津新闻界接触,并根据党的指令,摸清了天津各主要报纸的背景和人员内幕,很快就将其中的重要情报向党组织作了详尽汇报。而且他还向当时的上线崔月犁同志(解放后曾任国家卫生部部长)汇报了一个接近伪市长杜建时的大胆设想,而就在他卓有成效并一步步深入开展工作之时,竟遇到了危险。

智勇双全斗敌顽

　　他被警备司令部安插在新闻处的特务李福恒盯上了。特务对他产生了怀疑，李福恒及其同伙开始对他进行严密监视，并告诫新闻处处长：方纪文是"危险人物"，只能提防不能重用。在这危急关头，方纪文临危不惧，他一方面作好了随时牺牲的准备，另一方面利用自己的机智与特务巧妙周旋。一次梁处长在新闻处说要给自己的孩子请英文教师，转天他就把同是地下工作者、当英文教师的夫人司徒敏介绍给他。司徒敏便利用教书的机会，与他的家人、孩子搞得非常融洽，常被邀请吃饭、看电影，成为颇受尊重且不能离开的亲密人员。这时的方纪文，不但重新取得处长的信任，而且还使梁处长厌恶被警备区安插在自己处里的特务李福恒等人，特务也抓不住什么把柄，对方纪文更是无可奈何。

　　为了获取更多的重要情报，方纪文开始向伪市长杜建时靠近。那时，杜建时为宣传自己的政绩，要办一个刊物——《天津市周刊》，并亲自领导和过问。方纪文感到这是接近杜建时的绝好机会，就找人推荐，做了《天津市周刊》的记者。

　　方纪文能写一手好文章，杜建时大为赏识，虽然对他的身世、来历，也曾两次直接对方纪文进行"盘问"，但都被方纪文沉着机智地一一化解。在工作中，杜建时对他越来越信任，破例允许他直接进出自己的办公室，听取他对工作的建议，让他列席市政府会议，有时还主动出题目让方纪文做文章，甚至邀请他参加自己的结婚晚会……

　　这时的方纪文不仅被委以杜建时的新闻秘书，还兼任新闻处处长。他利用合法身份，结识了当时很多国民党政府和商界上层人士，参加了许多高层会议，从而获得了我党所需的大量重要情报。如敌人镇压爱国学生运动的计划，使我党及时地疏散、保护了爱国进步学生；再有，就是敌人视为生死绝密的天津城防工事部署，这个城防工事是杜建时秉承蒋介石的旨意为死守天津而修建的，图上标明90华里内的一千七百多个明暗堡垒，还有布置在10米宽、3米深的护城河外的无数地雷群等等。正是由于情报准确，我军在 1949 年 1 月 14 日起,仅用了一天的时间就把他们吹嘘为第二个"马其诺"防线的天津城防工事,全部夷为平地。

1948 年,国民党为挽救业已崩溃的经济局势,强行发行金圆券。这一骗人的把戏,一出笼就遭到人民的强烈反对。为此,蒋介石派行政院副院长张厉生来津督导。下车伊始让社会局长胡梦华汇报工作。当胡说到各群众团体起了很大的宣传推动作用时,张厉生大加赞扬。

听到这事,方纪文精神一振,他想起上级领导曾说过,在天津群众团体中,安插着许多特务。过去苦于弄不到这方面的情报,工作常感被动……想到这儿,一个大胆而又冒险的计划在他的脑海中迅速形成。

会后,他大大方方地走到胡梦华面前,说:"胡局长,咱们天津群众团体做了这么多工作,张院长又这么表扬,咱们自己为什么不宣传宣传呢?请你给我些材料,我整理一篇东西登在《天津市周刊》上。"胡梦华非常高兴,让他找韩科长。转天,韩科长在会议室接待了方纪文。寒暄之后,让人抱来一大摞卷宗,摆在他面前。他一看,惊喜万分,里面有我党需要的大量情报!

掌握了敌特在群众组织的名单,给地下党组织开展工作提供了极大的便利,也为我们的同志减少了许多杀头的危险。让方纪文出一身冷汗的是,教育促进会的负责人夏某某,是方纪文妻子的老师,关系一直很好,他还计划做她的统战工作、发展她呢。没想到在特务名单中,竟赫然有她的名字,真是太悬啦!

搞地下工作,危险随时都可能发生。方纪文几次靠警觉避开了杀身之祸。1948 年的一天,他正要出去采访,迎面走来一位年轻人,对他说:"你要高升了!"

"我还能高升?我想也没想过。"他装作毫不在意的样子。对方更认真了,说:"真的,我不骗你,昨天社会局的蒋主任来看你的档案了!"

蒋主任是特务。没有私人关系,事先又没有任何暗示,绝不会是提拔……

不好。他毫不迟疑地赶回家中,向妻子说明了问题的严重性。然后两个人迅速烧毁和转移了文件。一切安排妥当后,他请了假,躲了起来。果然,转天清晨,天津警察局第十分局局长亲自带人来到方纪文住的黄家花园

福顺里,把前后门全都堵住,翻箱倒柜,挨家搜查。折腾了半天,一无所获。如果方纪文不果断地处理了文件,后果将不堪设想。

事后,崔月犁同志为了他的安全,建议他是否撤离天津,方纪文分析了整个情况后,认为特务还没有足够的证据证明自己是共产党员,现在正是面临解放天津的关键时刻,党需要自己,他请组织考虑自己继续留在敌人的心脏。后来,不知什么原因,那个盯住方纪文的特务被警备司令部抓走了,而且再也没有出现过。这又使得方纪文化险为夷。

惊心动魄立奇功

天津解放前夕,上级党组织获悉,方纪文的上线崔月犁的身份已被敌人掌握,必须立即撤出天津。于是方纪文让夫人司徒敏与崔月犁扮成夫妻,掩护崔月犁安全地离开了天津。方纪文的上线改为李钧同志。1948年底,方纪文又获得情报,国民党撤退时,要把党政机关的档案文件全部烧掉。方纪文将这个情报向李钧同志汇报后,得到上级命令,这批档案对我党至关重要,让他必须保护好全部敌伪档案。

接到这个任务后,他压力很大。单枪匹马,怎样才能完成任务呢?他与爱人反复研究,采取了三条措施:一是立即住进市政府的编译室,这里离档案室很近,便于日夜监视。二是当前线打响后,他不顾个人安危,把市政府警卫队阚队长找来,亮明身份,讲清形势,晓以利害,动员其戴罪立功。阚队长很识时务,马上说:"好、好、好,兄弟照办!"方纪文命令他把躲起来的警卫队员找回来,即刻在市政府门前加岗,没有自己的命令,任何人不准走进大楼。第三条措施是,把编译室的部分人找来,亮明自己的身份,组建了以自己为首的纠察队。并通过他们,动员各有关部门领导照常上班,保护好档案。就这样,赤手空拳的方纪文占领了伪市府大楼,使这个大楼的整个建筑和内部设施未遭敌人破坏。而且,为控制敌人的舆论阵地,他还带领其他同志,到天津广播电台和中央通讯社、《民国日报》社等处,责令他们保护好国家财产和档案等。

1949年1月15日,天津解放的当天中午,我党接管干部进驻伪市政府大楼,经过清查,当即向我党时任市政府秘书长的吴砚农汇报说:伪人事档案完整无缺,市政府一切设施也完好无损。吴砚农双手紧握着方纪文同志的手,激动地称赞他:"你的任务完成得很好! 很好!"这时方纪文一句话也说不出来了,深入虎穴与狼共舞,一千八百个日日夜夜啊,他眼里噙满泪花,立即去处理国民党市政府旧职员的安置与交接啦。

转天,也就是1月16日上午,时任天津市人民政府第一任市长的黄敬紧急召见他,说:"你这个杜建时的新闻秘书,怎么把你的主要报道对象丢了?"并向他下达命令:"一定要找到杜建时。"杜建时在混乱中逃跑了,且不知去向。方纪文接到命令,带上手枪,首先奔湖北路国民党培训团(现在的20中学),这是国民党培训保甲长的地方,教育长是杜建时的亲信,杜建时有可能藏在这儿。到了那里找不见杜建时的踪影,却发现了杜的专车,便询问传达室的门卫,打听到解放军攻进城里时,杜建时和他的秘书长梁子青、总务处长、也是杜的舅舅赵玉鑫三人在地下室躲到天黑走了,不知去往何处。方纪文略一思索,说:"走! 到赵玉鑫家。"到了赵家后,正好抓住赵玉鑫。赵玉鑫认识方纪文,见他换了打扮,才恍然大悟。但他就是不肯说出杜建时去向。这时,方纪文用枪口指着他脑袋厉声说:"你再说不知道,马上叫你的脑袋开花。"这时赵玉鑫才结结巴巴地说:"杜市长在何处,我真不知道,这是他留下的电话号码,让我有事跟他联系。"方纪文立即向电话局询问,得知这个号码的地址是桂林路45号。便马上向黄敬市长做了汇报,然后去市公安局调配警力,奔向桂林路45号。这时黄市长也派部队去抓杜建时,方纪文到达目的地时,杜建时和梁子青已被我解放军抓获。他马上打电话向黄敬市长报告,黄敬市长深情地对他说:"谢谢,谢谢!"方纪文也非常激动,因为这个"谢"字,就是对他的最高奖赏。

老骥伏枥永奋蹄

"我是共产党员,随时听从党安排。"解放后,他先为黄敬同志做秘书,团结联系了大批工商界爱国人士;后调市人民政府新闻处,任新闻发布科科长,1951年调《天津日报》任经济组组长,1958年调天津电影制片厂,先后

任副厂长、厂长,1963年调市文联任秘书长、副主席,1984年离休。组织上将他放在什么岗位,他就在什么岗位作贡献,尤其是他离休之后,大家推举他任文联老干部党支部的书记,他依然跟在岗时一样严格要求自己,工作认真、一丝不苟,论资格、名望、贡献,他在天津文艺界是首屈一指的。他当时领导的老干部支部里的老干部、老延安、甚至是老红军,在文艺界也是人数最多的,但他仍然自称是"总务科长",组织老干部开展活动,像在职时一样以身作则。有一次组织学习,恰逢身体不适,家人不让其出门,单位也劝他不要来,并安排了别人组织学习,因此也没给他派车。可是他却自己坐公共汽车按时赶到了,这时大家才知道他在登车时不慎摔了一跤,头上磕了个包。

有一年,文联召开新党员宣誓大会,原定请方老带领新党员宣誓。不巧那天下暴雨,马路积水过膝,许多道路交通断绝,不少人未能按时上班。我们都认为:九十多岁的老人啦,今天肯定不来了。但一进会议室,见他端端

正正坐在那里,正等着大家!他说:"老伴孩子不让来,我'略施小计',就脱身啦……"他说得轻松,全体党员都肃然起敬。那天,他在党旗下带领新党员宣誓,气氛非常庄严,感情非常真挚,大家都受到了一次生动的教育。他不仅自己热心文联工作,还带动一批老同志不计报酬,兢兢业业地为文联无私奉献。由于成绩突出,文联老干部党支部连续几年被评为天津市及宣传系统先进党支部,他本人也多次被评为先进工作者。

"我是共产党员,思想永远不能离休。"他还在一首诗中自咏道:"疾风最能知劲草,晚节常可见初衷。"从"初衷"到"晚节"始终如一,处处事事总想着国家,想着党和人民,在点滴小事中,体现出了他的高尚情操。人老了,生活上难免会遇到一些难题,但他从未用公车为自己办过一件私事,当组织上劝他,年龄大了,要住院做一次全面体检时,他每次都说心疼国家的钱,执意不去。我调到文联主持工作十几年了,他从未住过医院,有病了,就让当过医生的闺女买点儿药在家治疗,而且从不报销。他现在的住房冬天没有暖气,但他不向组织伸手,他说:"现在下岗的工人还很多,国家也困难。"所以,他每年冬天就和老伴住到儿子的一个有暖气、没电梯的一处旧楼的单元里。一天,他太想单位的同志们啦,便瞒着家里步行了二三里地来单位看大家。并不让惊动领导。临走时,一位副秘书长见到了他,执意给他派车,他坚决不让,只好派人悄悄地在身后跟着他。因为方老有股犟脾气,在这样的问题上,谁不听他的也不行。尤其是他很看不惯对老百姓不负责任的事。有一次他到某个部门为普通群众鸣不平竟挥起了拐杖,当对方质问其是何方人物时,他理直气壮地说:"我是共产党员。"市委某部门闻知后立刻打电话,说:"谁也不能让方老生气。"即派人将其护送回家。

"我是共产党员,要活到老、学到老。"与时俱进,是他晚年重要的精神追求。他自费订阅了《人民日报》、《光明日报》、《文汇报》等报刊,认真阅读、思考、做笔记……他的心和着祖国前进的脚步声跳动,他的情感与民族的命运息息相关。

"组织"这个概念,在他心里分量特别重。他每年都要上交一份思想汇报材料,近几年还都以诗歌的形式做汇报。他到外地去,也坚持请假,回来后还要汇报思想……

96 岁高龄,仍以国家前途、党的事业为念。他请人写了一幅书法作品,是陆游的诗:"僵卧孤村不自哀,尚思为国戍轮台。夜阑卧听风吹雨,铁马冰河入梦来。"我们都知道,方老近来腰疾发作,行走不便,但困居一室,还是不忘"为国戍轮台"的梦想。日前,《方纪文诗文选》出版了,人们争相阅读,无不钦佩他这种老骥伏枥的奋斗精神。

长寿,是一种福气,古人把长寿列为五福之首,但有些人长寿未必幸福。只有像方老这样,在年迈之后,不服老,有朝气,仍充满理想和追求,一生始终如一、无愧无悔……这才是真正的幸福啊!

中国共产党建党九十周年即将来临,方老一直在思考用什么礼物向党献礼。可亲啊!可敬!一身豪气的方老,我们衷心祝愿您健康长寿,幸福永驻!

嘛叫天津人的「牛」

嘛叫天津人的"牛"

——话说著名国画家何家英

牛，是天津爷们儿自身积蓄已久的"力"的迸发和"智"的外溢；是惊人技艺、绝妙本领的派头、气势、威风的流露。而且，天津人的牛，有着自己鲜明的特色，即不是吹出来的。有句地道的天津俗话说："牛皮不是吹的，火车不是推的。"牛，是别人的羡慕和赞赏，是别人认为他牛，他自己却认为：自己不该牛、牛不起来或没嘛可牛的。事情往往就是如此，当别人越说他牛，他越退避三舍，诚惶诚恐，怕人说他牛，而这时别人才会认为他真的牛。

在这方面，我非常欣赏国画家何家英，因为他一生低调，总认为自己还不行，可偏偏别人认为他才具有牛的本事、牛的资格，是牛的楷模。并认为他是一种理智、清醒、超俗和富有内涵、境界的牛。

牛，"师生展"享誉大江南北

美术界向有长安画派、岭南画派和海派之称誉，近年，这几处圣地，却掀起了何派之狂热。2011年下半年，何家英携弟子28名，在若干省市举办了一系列师生展，引起了轰动。这个展览本来是受南京诸子艺术馆之邀，临时组织的展览，也是诸子举办的系列师生展之一。没想到，师生展一开幕，反响极其强烈！其他省市纷纷邀请办展。何家英为了把天津美院国画系的教学成果推广开来，也为了培养学生，决定继续举办巡回师生展，让学生听取各方意见，汲取各地营养，在实践中交流创作理念和论证国画正确的发展道

路和方向。可没想到,各地美术界同仁认为他们真正牛了一把。

在不到半年的时间里,他们去了江苏南京、安徽合肥、湖北武汉、江西南昌、陕西西安、山东济南、河南郑州等地,他们的画展被认为是各省近年不可多得的盛事,是助推本省文化大发展大繁荣的重要举措,是向何家英及他的绘画、教学思想学习的极好机遇。家英也认真对待这个展览,拿出了10幅代表性作品。有的地方听说他要来,原本以为他会只拿几幅大家过去看过的作品,没想到使人眼睛一亮,给各地带去了一次美的盛宴。翻看各地媒体的报道,对他的画已经用了"工笔画极致"这样的语言来评价。而且认为他学生的成果,也是他的辉煌。家英非常谦虚,公开声明:"桃李英华展"中的画家有的不算学生,算师友,是朋友。牛啊!越谦虚,别人越认为他了不起。所以,各省美协主席和画坛"大蔓儿",如刘文西、王西京、喻继高、高云、马国强等,都要求本省美术工作者向何家英学习。

牛吗?各地邀请他们办展,费用全部由当地负责,且邀请不断。广州、深圳、山西、甘肃、河北、辽宁、黑龙江等也都发出了邀请,鉴于时间的关系,他们不得不婉言谢绝。可见其展览水平之高,不然谁会花这个钱给别人办展览呀!一般情况下,要去各省办展览得提前一年申请。可他太牛了,说办下个月就办,别人都给他让路。这事儿实在少见!而且越办越气派!

这也使我想起2009年岁末,我出席了何家英在上海的一次个人作品展,此行我不知何君感觉如何,而我都觉得在上海牛了一把。不知何时,坊间流传一语,即上海人看不起北京人,更看不起天津人。此言谬也,我要为上海人正言,人家上海是羡慕有本事的人,像何家英这样的艺术家人家能不尊重吗?!

咱为嘛牛呢?天津人讲话,人家拿咱当爷。上海美术馆,在上海以至南方都被称为最高雅的艺术殿堂。馆长方增先是在全国美术界颇有影响的"大蔓儿",其部下是一水儿的举足轻重的人物,随便一指其中稚气未退的"娃娃",都冠之"美术博士"的光环。上海人来请何君了,诚邀他赴沪办展,无偿提供全部场馆、投资开幕式、研讨会、新闻发布会和媒体宣传的费用。

中国画坛众生芸芸,尚有一些头衔大得吓人的"元老"们健在,精明的上海人为嘛到天津请一位50岁刚出头儿的中年画家呢?上海美术馆是北方美术家们的仰慕之处,你就是想主动付费都难得一席。

2009年12月5日,何家英在上海牛了一把。且不说,中华人民共和国文化部副部长王文章,中国文联党组副书记覃志刚,中国文联副主席冯远,中国美术家协会主席刘大为等悉数赶来祝贺,各界名流,如姜昆、奚美娟、韩美林、韩天衡、李荣海、陈佩秋、刘晓纯、王宏建、张晓凌、陈传席、陈履生、郑工、陈池瑜、尉晓榕及各国驻上海的外交、文化使节等,都来争睹何家英在展览开幕式上的风采。

他站在上海美术馆的大展厅里,身后是他的大幅作品。深红色的墙面给了水墨画温暖而有力的烘托,金子般的集束灯光打在他的身上。70幅作品,其中包括历年来具有重大影响的工笔画、小写意画和素描。这是近年来何家英画作最密集的一次视觉呈现。这位北方爷们儿,没有高大魁梧的身材,更没有宏钟大吕般慷慨激昂的豪言壮语,相反还显得有几分羸弱、腼腆、内向。但这丝毫没有影响他领受惊愕的眼光和疯狂的追捧。

大家评价他:将中外优秀的文化艺术传统融会贯通,融写实精神和东方诗意为一体。传承中国传统工笔画艺术精髓,创造出富有时代气息并具有鲜明个性和民族风格的中国人物画作品。

大家认为他:在深入发掘晋唐绘画精神的基础上,重新激活传统工笔画的伟大品质;以饱满的造型,有力地改变了明清以来人物画的纤弱、萎靡之风;将大气、浑厚、简约、质朴的审美气度与精微缜密的手法相配合,营造了文雅、恬静、高贵、精致的艺术意境。

大家赞赏他:在表达现代生活的过程中,完成了现代工笔人物画的形态

建构，从而促使工笔这一古老的艺术形式由古典向现代工笔人物的形态蜕变，以新经典的姿态焕发出崭新的光彩。

还有什么"中国极具影响力的艺术作品"；

"开宗立派的工笔人物画家"；

"天才的画家，天才式的才能"；

"美女教父"；

"工笔画史上的里程碑"；

"可以载入美术史的工笔人物画家"等等。

记得，早在1994年，他在广东也办过个展，当时出现了一个现象，美院的教授在讲课时，惊奇地发现，他们的学生每人一本何家英的工笔教材，而且公然摆在课桌上。当然，现在全国各大美术院校国画系，无一不用何君教材了。但此事，足以证明家英在青年学子心目中的地位由来已久。所以，他在各地的展览，包括这次师生展，主办方都要邀他进行一次讲座。他的讲座不仅每次都是爆满，而且就像马三立相声《卖挂票》里说的一样，"站票"！"蹲票"！连主席台上都挤满了人，甚至还有人对把门的工作人员说："让我进去看他一眼就出来行吗？"牛！这在学术讲座领域真是闻所未闻。

何家英在各种场合都很谦虚、随和、平淡，穿着朴实，丝毫不会摆出一副学问家的做作。讲座时，在他那含有天津味儿的普通话中，还不时地蹦出几句地道的天津话，这更增加了他的魅力和吸引粉丝们的磁性。看到那些如醉如痴的听课者，使我深深感到，天津话不仅有着张扬性格、突显豪气的至高魅力，而且，还能为天津人的牛气烘托艺术气氛。

他应该这样，也似乎只有这样，才能特色鲜明地显出天津人的牛。

牛，越谦恭越得势

在市场经济条件下，谁不愿意"听大洋钱在自己口袋里叮当响啊？"！当今的画家，哪个不愿意多卖几张画、多多地赚点儿钱呢？说句"膀大力"的，身在"江湖"中的我，掩耳闭目都知：某某君为卖画而开出高额回扣，某某君为卖画不惜血本炒作，某某君把自己的画拿到有影响的拍卖公司自卖自买,甚或还有人允诺,买家在拍卖公司高价买一、私下赠二、赠三的丑闻。"寒碜"吗?画坛谁有何家英牛啊?!

不炒作自己,不屑记者采访,不给上级送画,不以画为谋取私利的敲门砖。而且,还不依赖"脑袋瓜子"上的头衔混迹于市。要说职务,那真值得牛,他是全国政协委员、中国美术家协会中年龄最小的副主席、天津市美术家协会第一副主席、天津画院院长、中国艺术研究院兼职博导……可在他的名片上、在他出版的多种画册上,我却很少见他把职务写全了。而且每次安排任职时,他都表示出真诚的谦让。如在中国美协此届选举时,他就表示出不屑。搞民意测验时,一般人绝不会缺席。可他偏要请假,后来美协领导认真地说:"可不能不参加,这个会很重要!你必须来!"他才"遵旨"到会,领导和艺术家是识才认人的,在他没有"当官"意愿,也从不跑官拉票的情况下,竟毫无争议地当选为中国美协副主席。相比之下,那些仅靠美术"官衔"卖画,甚或为那一官半职争个"你死我活"、"头破血流"者不该汗颜吗?!

为什么人家何家英牛?国内有影响的拍卖行,每年春、秋两次大拍都以征得他的画为荣,为嘛呢?拍卖公司为赚钱,寄卖品拍得出去才能赚佣金。目前,何家英的画,不但价位稳定,而且年年升值。

我经常碰到这样的情况,许多藏家托人烦窍来到天津,不怕花钱,欲购何君一幅画。而得到的答复是:"该卖多钱卖多钱,在本年度中的价格既不长也不落,但得预定,取画排在一年以后。"现在更牛了!索性不接预定了!他是想给自己留点时间,搞创作。

现在画家出版画册基本上是自费或以画代资,所以,也有企业家提出,我为你无偿出版画集,你只要按现价马上卖我一幅画即可。殊不知,何家英是个例,我们国家享有盛誉的出版社为他出版的《何家英作品集》、《何家英画集》、《当代实力派画家——何家英》、《名家手稿——何家英》、《当代国画大师代表作品集》等,都是无偿的。现在全国各地的美术学院,工笔人物画教学都离不开何家英的教材,谁要是想为他出版画集都是有条件的了。

牛,有动力支撑

·

知不足是牛之本,何家英从来都反对别人说他"天才"。他说:"我从小

就不是一个聪明人,不会表演,不会巧饰,很自卑。在家里行三,是丑小鸭那种类型的孩子,跟马三立相声《逗你玩》中的小宝一样蔫不拉几,经常遭到父母训斥。很小的时候,我就表现出对画画的兴趣,一个人躲在家里画画。当时没有纸用,就在盛纽扣的盒子上画画。上了中学开始学素描了,画了许多人物头像,母亲不解地唠叨:'你整天画那些大脑袋干什么呀?'不承想,就是这些大脑袋练就了我过硬的基本功。上大学了,就喜欢一个人在宿舍画画,说真格的,谁也别笑话我,都改革开放了,我在外边还不敢正眼看女孩子呢。在学校,我比不上那些女孩子们追捧的帅哥,就是玩儿着命地画画,没有休息日,甚至大年三十了也不回家,外面的爆竹声都干扰不了我,就躲在宿舍里看书、画画。"

大学三年的学习,他的进步是他人难以比拟的。1980年他毕业留校后,便参加了全国美协组织的"葛洲坝写生",并创作了水墨画《春城无处不飞花》。这幅画使23岁的他让人刮目相看,获得了天津第二届青年美展一等奖、第二届全国青年美展二等奖。他是粉碎"四人帮"之后,第一个为天津争得荣誉的青年国画家。这时,他对溢美之词、吹捧之声,都没记住。而让他刻骨铭心的是一位同学当面向他说的一句话:"你那不是艺术,只是一种姿态。没有思想,没有境界。"这是他的一位师兄,至今他都感谢这位师兄,因为这句话,他知道了自己的不足,这个不足就是一个"艺术是什么"的问题。他开始大量读书,中国的、外国的。那个阶段他一门心思地在探索艺术是什么。

用水墨表现现实、刻画人物,实在是太难了。怎么办?到生活中去。他又参加了美协组织的创作班,到了太行山。他在这里构思了参加全国美术大展的获奖作品《十九秋》,创作前他总是写生,也总认为有不足,画了改、改了画,小的草图画了一百多张,再大一些的有几十张,更大一些的也有十几张。他成功了,《十九秋》、《山地》、《街道主任》这三幅在全国获得殊荣的作品,让何家英肩负起"最有声望最有代表性的年轻一代画家"的盛名。面对成绩,他仍是不知足,1985年他创作了《米脂婆姨》,1986年创作了《清明》,1988年创作了《酸葡萄》,1989年创作了《魂系马嵬》,1991年创作了《秋冥》,1996年创作了《桑露》。他成了全国有名的"得奖专业户",而且在全国迅猛地刮起了何家英画风。

今天，我听到的还是他大谈自己的不足，而且面对媒体公开自己的不足："我想创作一些写意画，我的写意画灵性不足。对深层次画理的认识还需要下苦功，要真正领会写意精神，完成从工笔到写意的转换；还渴望再画几张工笔画，通过这些年的积累，我对绘画的认识不同于以前，因此还想在工笔画上创作出超越自我的作品。"

知不足、不知足，这是真正的有境界、有情操的牛人的特点，也是牛的前提，更是继续牛的动力。

何家英牛的根源来自何处呢？他自己说是两个字——"责任"，"我的两脚踏踏实实地扎根大地上，就要为大地母亲尽到责任"。各种公益事业、慈善、救灾，他都认为自己要履行责任。"非典"时期，他深入一线画速写，美协承办的大展，他无偿捐作品；汶川地震，他是文艺界第一个捐出 10 万元现金者。随即他又拿出一幅精品之作，拍得 128 万，全部捐赠。我记得，当得知新闻媒体未对此事予以报道时，便追问原委。因为一定数额的捐款要搞仪式，领导还要会见、颁发证书。他说："拍卖公司说你的 120 万，如由我们在北京代为捐赠，我们就将买卖双方佣金一同捐赠。"何家英一算，灾区能多收

到捐款，我是尽责任，不图虚名，所以便慷然应允。而且这次义拍，他破例亲自到拍卖现场，并应邀为自己的拍卖作品掌锤。

牛人，以责任为根，这样他才能在大地上永远立得住、站得稳。

何家英牛的基础何在呢？大家说他重视两个字，就是"义气"！何家英成长在天津美院，在他的成长期，有诸多老师对他进行过帮助辅导。说实话，现在这些老师谁也没有他的名气大、地位高、影响大。而何家英从没有以自己的名气、地位、影响做资本，凡

是教过他、指导过他的老师,在任何场合都施弟子礼。在能宣传他们的时候,首先推崇他们,而且还要具体说明在他们身上学习到的是什么,现在哪些地方还不如他们。谁要是有困难找到他,他比任何人都义气。给我印象最深的是画家白庚延故去后,他亲自操持追思会,倾尽全力过问每一个细节,承担和协调了所有棘手问题,人累得瘦了一圈。在会上,他又从学生的角度,感恩白老师对他第一幅成名作《十九秋》是如何指导的,有着什么样高人一筹的见地,才使他取得了关键性的突破。讲者动情,听者动容。

牛人,是以义气为源,有了源,才能有牛的流。

何家英,你该牛。知不足,是你的牛之本,晓责任是你的牛之根,懂义气是你的牛之源,你牛得大气,牛出了水平,牛出了咱们天津人的性格和骄傲。我们都为你牛啊!

嘛叫天津人的「奔」

嘛叫天津人的"奔"

——话说著名女作家赵玫

奔,是天津人的口头语儿。"为了生活咱得奔去。"昔日的天津平民,不去奔,第二天可能就揭不开锅。天津人跟皇城根儿的北京人不一样,八旗子弟、吃俸禄,讲究的是玩儿;而上海人则以经营为能,靠的是赚;天津人就得不停歇地奔。但我喜欢天津人的奔,因为奔,体现了一种不懈的精神,一股韧劲儿。奔,高于拼。拼,是一时、一阵子、一件事儿,大吼一声"我拼了"!奔,是除了合眼睡觉、吃饭之外,时时不可懈怠,日日不能停歇地赶路……

天津女作家赵玫就是一个典型的时刻都在往前奔的人。

拿事当事,耐得住寂寞

对作家堆儿中的人和事,我虽并非一无所知,但还真不知道,目前活跃的"蔓儿"们,有多少能在二十多年里连续出版了 800 万字的著作。800 万字,是什么概念呢?就是说在二十来年中,年平均要出版 40 万字,才能达到这个数字,许多作家倾其才华,一生能出一部、两部甚或十来部长篇小说,就是名声斐然了。翻检赵玫已出版的 60 余部中短篇小说集、散文集和长篇小说,多数都已取得显著的社会影响。

她的"盛唐女性三部曲"《武则天》、《高阳公主》、《上官婉儿》使她在读者中人气大涨,专家们普遍认为是历史题材创作中富有探索意义的新成果。她的"当代爱情三部曲"《天堂里的罪人》、《世纪末的情人》、《我们家族的女

157

人》被文学评论界视做中国当代女性题材创作中富有深刻人文关怀的经典之作。她年年都有大部头新作问世，数十次获得各种省市级以上文学奖项。为嘛呢？在她身上，有一股优秀的天津人的奔的劲头、奔的精神。似乎今儿不去奔，就有"明儿吃嘛"的危机。试想，一个只想着玩儿命去奔的人，她还有空儿想显摆吗？

不爱显摆，是她自己要拿事儿当事儿。天津人最讨厌拿事儿不当事儿的人，并讥讽这种人叫"惹惹"。那些只会"惹惹"、拿事儿不当事儿的人，也难在这个九河下梢、五方杂处的天津码头站住脚。对于一个作家来说，拿事儿当事儿就得能吃苦，就得耐得住寂寞。近二十年来，笔者与赵玫在同一单位工作。印象中，从没见过她热衷于什么吃吃喝喝的应酬，也从没听过她议论什么杂七杂八的是非。她除了必要的会议，如全国人大代表、天津市人大代表开会、视察，作协党组会等必须参加以外，她割舍不掉的就是写作。她和写作，就像磁石和铁一样有着强大的吸附力难以分离。她也出国，女儿在美国读书，骨肉之情的看望，异域风情的游历，也是她不可或缺的创作素材。《从这里到永恒》、《沉静的欢乐》、《左岸左岸》、《分享女儿分享爱》等长篇著

作，都是她出国访问的结晶。有的使她荣获全国首届鲁迅文学奖，有的使她得到中国出版协会授予的年度全国畅销书称号。为什么呢？因为她拿事儿当事儿，写作是她随时都要干、也有能力干、而且不分散精力干的大事、正事。

不愿意显摆，是她自己要追求真格的。什么是真格的？每一部书都能畅销才是真格的。现在经常看到某些成天炒作自己，自费、公费、以权谋私、滥往企业摊派费用而花钱出书的"作家"。这些人抛出的出版物，简直就是浪费国家紧缺的纸张，制造垃圾。当

然,也有善于经营自己者,有意制造噱头,增加自己身价和发行量的"高人"。但我认为这种不着边际的炒作,也是在为一己私利有意地欺骗、愚弄受众。同时,我也同情有些经验不足的出版社和涉世不深的年轻编辑。在名人的"忽悠"下,盲目加大书的印数,最后名人根据印数把稿费装进口袋,偷着乐去了。而出版社的书却像山一样地堆进仓库,哭都找不着地方。真正的好书在读者的口碑中,市场销得动,读者自掏腰包然后喊声:"值!"才是对作家最好的评价。赵玫做到了,出版社、书商出她的书都能赚钱。她的长篇小说《漫随流水》,书未完稿,就有人把版权买走了。长篇小说《朗园》和散文集《一本打开的书》由当时出版界著名的"布老虎"丛书推出后,分别行销数十万册,成为1994年中国图书市场畅销书之一。《武则天》、《高阳公主》、《上官婉儿》在大陆出版后,没多久便被台湾两家出版公司同时买走了在海外的版权。这就是真格的,人家出版社赚钱了,下次才能跟你动真格的,自己不显摆,书能畅销那才是真格的,读者从心里喜欢你,那就更是个真格的了。

有嘛没嘛,得用作品说话

赵玫的不显摆,是因为她认为自己没嘛儿。十六年前,她应美国政府邀请,赴美参加"国际访问者计划"。有谁能享受这个待遇呢?那个美利坚合众国是随便掏腰包请外国人的吗?人家也精得很,不看地位,不在乎名气,他们看你的本事,看作家的功底、成就和前景。他们认为赵玫是中国新时期文学开端以来有发展潜能的作家。人家不懂你这边的"走后门儿",托关系。一切由专门机构考察评估之后向美国政府提出建议,然后由政府发出邀请。待遇优厚,被邀请者可以提出访问美国的任何一个城市,他们承担一切费用并派出翻译陪同。据我所知,大陆没有几个哥们儿接受这项邀请,目前为止,天津也仅她一人。紧接着,她又以作家身份,作为正式代表参加联合国第四次世界妇女大会非政府论坛,并获大会嘉奖。这些年来,她还多次参加中国作家协会代表团,赴马来西亚、德国、印度及港台地区访问。

好友们在为她高兴的同时,都建议她应该好好在媒体上宣传一下。除了上述多次出访,还有她创作的电视连续剧《阮玲玉》的热播,电视剧本《蝴

蝶》的出版,著名歌手费翔出演由她的长篇小说《朗园》改编的电视剧主角……每一条都是炒作的新闻素材。可她低调做事,认为:"作家要用自己的作品说话。"中央电视台及天津、河北、四川等多家省级电视台的"读书"栏目,都曾多次拍摄、播放介绍赵玫创作的专题片。据我所知,很多次都是在她真诚拒绝无效之后才答应下来的。访谈中,赵玫也有意识地专谈作品,少说自己,这都给人留下很深的印象。

这些年来,赵玫曾四次荣获国家级文学大奖,享受国务院专家津贴。从职务上讲,她是中国作家协会委员,连任两届的全国人大代表、天津市人大代表,天津作协党组成员等等。可是她从不认为这有什么值得显摆的,反而成了她继续往前奔的动力。

2002年是我为天津文学界颇感骄傲和兴奋的一年。天津市首设青年文学创作奖,邀请全国重量级的评委品评天津作家。在首届奖励人员中,她毫无争议地荣获奖杯,并得"大洋"十万。此事震动了全国文坛,紧接着又进行第二届评选奖励,这使得一个获正式奖和提名奖的一二十人的中青年作家群体壮观亮相,令全国文坛刮目相看。我作为文化界的一名管理干部,真是不用偷着乐啦！多年来郁闷啊，在全国文坛，为嘛有"中央军"、"陕军"、"湘军"、"川军"，而没有我"津军"一说呢？从此这可是天津中青年文学队伍集体在文坛露脸、张扬的机遇呀！

可是我又想错了，这群人都夹着尾巴不显摆，埋头"码字"不停歇，还冠以雅号"不事声张"。往细里、深里琢磨原因，这也可能跟天津卫的遗风有关，就没一种想和别人拼个你死我活的劲头。你看人家北京人，平常只用两个重叠字："姥姥！"就能显示龙车凤辇之下的不可一世；西北汉子，一句高门大嗓的"我家住在黄土高坡"就能表现出气吞山河的豪情；巴山蜀水间，更不要说了。旧有"袍哥"横行嘉陵江上，今有显赫全国的戴"红帽子"的黑社会。天津人？行吗？打架之前，总想先"掰扯掰扯"，然后看人家要打你了，还跟人家商量："玩儿拳？玩儿跤？"对方"好汉"一记老拳抡到头上了，他捂着脸还问人家："干嘛？你这是干嘛？你可动手啦？"连看热闹的全乐了，拳打在脸上了，还问人家"干嘛"，要是有人劝架，别看他嘴上不含糊"我给他拿'笼'"，就像马志明相声《纠纷》一样，"你划个道儿，咱比划比划"。看客们别着急，一会儿，他就该说了："我们是把兄弟！"又和人家成哥们儿了。

没辙！天津人如此，天津文学队伍中的中青年也是这样。既不抱团儿往文坛场面上冲，而且谁也都不愿意打头儿。赵玫也是，"老老实实写东西吧！能人多的是，咱别冒尖儿。"一方水土养就了一方民风。不显摆，可能一时吃亏，按道家说，吃亏是福；从长远考虑，这是天津人的优点。认为荣誉没嘛儿，有荣誉不显摆是城府；在名利面前不打头儿是谦虚。也对，欣赏咱自己的文字吧。看看赵玫文章中的文字之美，一般人能比吗？有评论家说赵玫的文字有一股慑人魂魄之力、震撼人心之力；其心灵剖白的方式独具特色，浓郁的抒情性贯穿写作的整个过程；她的每一部作品几乎都给人以强烈的文学张力和广阔的心灵视野。这就够了！

承认有短，才能奔得扎实

赵玫的不显摆，是她认为自己有短儿。短儿，就是不足。在很多人都佩服赵玫文学创作中的骄人成果时，她却在自己身上找短儿。她说："我创作

161

历史题材,就容易忽视现实题材。写现实题材我不如其他许多作家,这就是我的短儿。"所以她非常关注现实的重大事件,对各种公益性活动也都投入了极大的热情。如全国作协和天津市组织的文艺家深入生活,开展"大地行"采风活动,她都积极参加。现在有许多作家对现实生活中的"好人好事"表现出不屑,觉得应景式的"歌功颂德"的题材耽误自己的创作时间。而赵玫则不然,她认为:"写历史题材,也要以当代大众的价值取向关照历史与现实,追求细腻的情感刻画与深邃的哲学思辨的有机统一。否则,绝无深度可言。"她从不把深入生活当"政治任务",当负担,她认为是补思想之短儿。所以,天津举办"世乒赛"、"世体赛",她都到现场采访并撰写报告文学。为讴歌给天津争得荣誉的、被全国评为先进集体的典型,她多次深入天津市消防局等单位,深入采访,撰写了多篇报告文学;她到天津开发区、武清开发区、汉沽等地采访著名企业和企业家,写出长篇通讯;她也曾多次到外省市采访,丰富自己的阅历、撰写文章。20多年前,她到云南前线采访英雄、缅怀烈士,写出了长篇小说《揾英雄泪》;汶川地震,她冒着余震,参加中国作协慰问团赶赴灾区采访,撰写了《青山犹在》等系列文章,表达出对灾区人民的一片深情,多家报刊登载。

不显摆,是她认为自己还没立住个儿。她总是认为自己不能虚度时光,所以她经常拒绝一些不必要的应酬与聚会。她认为:"我觉得参与其间什么也不能得到,唯一结果就是浪费时间。安静的生活让我有一种幸福感,文学需要寂寞和孤独。我不想去知道什么小道消息,我只想读自己爱读的书,只想写自己想写的东西。"为了谢绝一些不必要的、甚或是带有功利色彩的活动,她的语言像哲理诗一样地有力:"要避开那些用喋喋不休代替交流的人,以及那些用陈词滥调代替思想的人……想一想我们第一次听他讲话就觉得无聊至极的那些人吧。我们为什么非要把生命花费在这些人的身上呢……"多好啊!不计功利,远离浮躁,把幸福、快乐都寄托在自己的阅读中,寄托在自己的写作上,去和那些有意义的文字接触,去接受那些有意义的文字的洗涤,不倦地进行文体实验和语言、结构的创新,专精博涉,做一位能在文坛立住个儿的、具有独特风格的作家。

这是责任还是境界?都有!但我更觉得,她最大的动力是她认为自己不行,山外还有山,努力没有边。她常常在完成一部作品之后,用整整一两个月的时间读书、思索,为的就是保障自己作品的深度和高度。在我看来,只有像赵玫这样埋头做事、不显摆的人,才能孕育出巨大的、持续迸发的创作活力。

嘛叫天津人的「白话」

嘛叫天津人的"白话"

——话说著名相声表演艺术家李伯祥

"白话","话"读轻声,"这个人真能白话,在台上一白话俩小时,不带重样的,我们爱听"。这是天津人对能谈善讲之人的称赞。"白话"原是褒义,要是说"胡白话"、"乱白话"就是贬义了。

在天津相声界,有一位著名表演艺术家李伯祥,就是行内行外都令人钦佩的"能白话"。这个"白话",体现了其深厚的相声基本功,彰显了其独到的艺术魅力、修养、学识、应变、机敏和境界。前几年,一段《聊天儿》,使他在观众中又落了个"李大白话蛋"的雅号,这绝无贬意,而是如同马三立的"马大善人"、苏文茂的"苏大秘"一样,是他塑造人物成功的结果。

彰显深厚功力的"白话"

相声界有一习俗,即非常尊重同辈分的"掌门人",也就是大师兄。相声业内第六代"掌门"是赵新敏(赵伟州之父),其故去后,按同辈分大排行,新一代掌门为苏文茂。近年苏先生年事已高,有一些活动,人们就按苏先生之后的顺序请李伯祥出席并讲话。他的讲话都是即兴的,而每次讲话都还有一大段"贯口",内容都是最新的、人们关注的热点。如从国际形势、中东战争到国内大事、政治上的新提法等等,串起来朗朗上口,并且"包袱儿"不断,体现了其"快、爆、脆、准"的艺术风格。行内人说:这套"白话",甭说他关心政治、关心国内外大事,就是有人创作出来让一般演员背都很难,况且他已

是 70 多岁的老人呢?

为什么他有这样的功力呢?

他是老一辈相声艺术家李洁尘的儿子,幼小由父亲启蒙,5 岁正式登台。他本人脑子好,记得很清楚——1943 年 9 月 2 日在南京贡院街的金谷茶园,第一次上台说的是《六口人》,很受欢迎,观众盛赞他是个"小神童"。渐渐地,"小神童"在南京声名鹊起。一次国民党总统府搞堂会,蒋介石看演出。由于他在南京很受欢迎,堂会的组织者也邀请了他们父子。蒋介石先看了富少舫的滑稽大鼓、章翠凤的京韵大鼓等,而让蒋介石忍俊不禁的是年仅 7 岁的李伯祥和他父亲合说的相声。

李伯祥说:父亲对我的要求是非常严厉的,从 5 岁上台后就定了个规矩,即学会的活、尤其是"贯口",第一次在台上忘词了,不打你,给你讲道理,因为"贯口"难度太大;第二次训斥警告你;第三次可不行了,要罚跪或是拿竹板子打屁股。过去老艺人都认为,不打出不来。

所以他从小便练就了深厚的基本功,现在,甭说是行内活动喜欢请他讲话,就是中央及地方的媒体都愿意请他。

中央电视台的《朋友》栏目开播,请了 4 位演艺明星助兴。演播厅已经有 100 多观众了,但不是全部的观众,这些人提前进场是工作需要。曾执导过几次春节晚会的导演袁德旺要请 4 位明星"现挂",试试"包袱儿"的效果。小品演员李琦排在第一,歌唱演员尹相杰第二,师胜杰第三,李伯祥的"底"。袁德旺命题,要说"喝酒"。李伯祥略作思考,就有了点子。他说:"我能喝酒,可要看喝谁的酒了。要是在自己家喝酒……没别的,自来水费点儿;要是喝别人的酒……不钻到桌子底下不算完。"短短的一段"现挂",有两个"雷子"包袱儿。袁德旺赞不绝口:"好!一会儿就用它了!"等观众坐满,录像开始了。该师胜杰上场了,他突然想起刚才李伯祥的那个"砸挂"挺好,竟然把自己的那个"现挂"忘了,不知不觉就把李伯祥的"现挂"给说了。等他下了台,对伯祥说:"师哥,您瞧这事……"这要是遇到一般的演员准抓瞎,因为自己准备的"现挂"让别人使了,而且,马上就得上场,没有一点儿时间构思了。怎么办?李伯祥一笑,说:"没事。"他上场了,还以"喝酒"为题,他说:"这喝酒嘛,就是喝酒……"他的脑子在想,这"现挂"……可刚说了这第一句,观众就笑了。他再开口,就有词儿了:"我爱喝酒,都喝过什么酒?那可太多了,有四川大曲、贵州茅台、陕西西凤、山西汾酒、浙江绍兴、天津直沽、北京二锅头、衡水老白干、青岛啤酒、燕京啤酒、百威啤酒、虎牌啤酒、金奖白兰地、王朝葡萄酒、五粮液、剑南春、金六福、莲花白、五加皮、酒鬼、郎酒、饮料、汽水、芬达、雪碧、可口可乐、汇源果汁……嗨,后边的不是酒啊,我是喝高了!"又是一段"贯口",还有"包袱儿",观众又是掌声又是笑声。他下场了,师胜杰说:"师哥,我真服您了!"他说:"你瞧我这脑门子上的汗。"

"世界杯"期间,中央电视台请了体育界和演艺界"大蔓儿"录制"欢乐世界杯"节目,在第一套黄金时间播放。6月28日,李伯祥和李金斗被邀请担任嘉宾侃足球。因为李伯祥酷爱足球,所以侃起来头头是道。

甲(李伯祥):我可懂足球,也会踢足球。

乙(李金斗):看不出来。

甲:你不懂,这足球啊,长传远吊,两翼包抄,头球摆渡,盘带过人,二过一、小派(读pà)斯、开角球、任意球、边线球、定位球、十二码、罚点球、远射劲射、冷射补射、凌空一脚、倒勾球,样样精通。我李伯祥踢了38年球,有一个最大的特点……

乙:什么?

甲:一个球也没踢进去。

乙:你吹牛啊?!

甲:也别说,有一次真踢一个进去,可我们的队员还批评我。

乙:怎么呢?

甲:踢自己大门里去了。

乙:这也是能耐?

他"现挂"足球,不像一些不懂足球的明星,满嘴的空话和套话,如什么"太好了"、"这真是绝妙啊"、"这个进球太漂亮了"……而是真真假假、似真似假,该真则真、该假则假,所以很受全国球迷观众的欢迎,希望他再接着"白话"。于是,7月4日他带着徒弟吕小品,7月5日与足球宿将李富胜又出现在"欢乐世界杯"节目,用相声语言"白话"足球了。

"世界杯"期间,他还出现在央视四套,和杜国芝说足球;出现在天津电视台"白话世界杯"。他的"白话"功夫在几个节目中,可以说是发挥得淋漓尽致。

超常记忆的"白话"

一次,全国性的曲艺大赛在河南平顶山市举行,天津素有"曲艺之乡"的美誉,演员表现不凡,获奖最多。组委会应平顶山市有关部门的要求,安排天津市曲艺团搞专场演出。李伯祥、杜国芝的相声是"底",使的段子是《问路》。他使这个段子的整个"垫话"都是靠自己超常记忆现编的,在盛赞了平顶山市"山美水美人美城市环境美"后,又说"路也美"。他以一条路为例,使"贯口":"从东往西走,先是一家水果店,有苹果、香蕉、橘子、蜜柑、荔枝、桂圆,可口香甜;旁边是麦当劳,汉堡、鸡柳、可乐、薯条,孩子爱吃,全是洋快餐;往前走挨着美发美容院,帅哥进来,出去您再看,贝克汉姆的发型,世上少见;靓妹进来,出去您再看,整个换了个人,张柏芝的脸面;旁边是超市,吃的喝的穿的戴的玩的乐的,百货家电,应有尽有,一应俱全……"一大段"贯口"赢得了观众、包括市领导的热烈掌声。更让大家感到奇怪的是他所说的这一条路,正是剧场外的路,而他说得又很准确。是的,他的脑子太快,在这条路上走一趟,就能在台上"白话"一段"贯口",人们能不惊讶吗!

《纪念尹寿山诞辰一百周年暨尹笑声舞台生活六十周年》演出,在中国大戏院举行。尹笑声是马三立的徒弟,传统相声功底深厚。那天,他登台两次,先给田立禾"捧哏"，说了《窦公训女》，再在"倒二""逗哏"，与邓继增合说了《偷斧子》。后边的这个段子讲的是一个老太太去世了，请七个和尚来做佛事。念经时坐在中间的那位叫"大帽儿"，他忽然发现一张桌子底下有一把斧子，因为他们很穷，连砍柴用的家伙都没有，就暗示小和尚把这把斧子偷走。因斧子把儿太长，就准备隔墙把斧子扔到院子外边，可又怕斧子扔出去把刚偷的大铁锅砸漏。就是这个段子，尹笑声来了个"现挂"，说那个"大帽儿"和偷斧子的小和尚是说相声的，谁呀？李洁尘、李伯祥爷俩。这个"现挂"引起观众哄堂大笑。尹笑声所以拿李伯祥"砸挂"，是因为"攒底"的是李伯祥和李金斗、李立山的《扒马褂》。所以，李伯祥一上场，观众就更笑了，而且都在等待李伯祥"反击"。李伯祥上台后却摆出一副若无其事的样子，使"垫话"，他是该怎么说就怎么说。他先唱了一小段数来宝，李立山夸他唱得好。他的"贯口"极好是人所共知，于是他用"贯口"吹上了："我李伯祥会的太多了：上知天文，下知地理，电脑网络，精通微机，神五神六，航天科技，足球篮球，田径体育，唱歌跳舞，各种文艺，梆子皮影，京剧评戏，大鼓单弦，杂耍曲艺，书法绘画，魔术杂技……别以为我光会'偷斧子'！"这个"现挂"绝了，因为他"反击"尹笑声的"现挂"，是用一段"贯口"铺平垫稳，在已经要下来掌声之后，他再说"别以为我光会偷斧子"，就"炸堂"了，观众的笑声、喝彩声持续了很长时间。而且，他还几次拿"偷斧子"一事"现挂"，如在"使活"中间提到尹笑声的父亲尹寿山表演艺术如何好，具备什么特点时，观众听得都入神儿了，而此时，他又话风一转，说："我不理尹笑声，他老说我和我爸爸是偷斧子的。"李金斗一翻："他还没完啦。"又是一个大"包袱儿"。

将错误能说成正确的"白话"

有一次，李伯祥随天津市曲艺家协会去河北省慰问演出。那天从衡水出发到深州，起得很早，大家都很困，坐车两个多小时，到了深州才上午9点，当地的干部、群众一千多人已经等候在剧场了，于是马上投入演出。当地的观众对李伯祥很熟悉，一上台观众就报以热烈掌声。他一高兴，再加上有点困，就出现了口误，他说："谢谢大家，谢谢大家，我们深圳的观众太热情

了。"下面哄堂大笑,这时他听出来了,这个笑声不是真把大家逗乐了,好像有其他因素。一回想前面自己说的话,才明白,是自己说错了,这是深州不是深圳。当时,你要是就这么说下去,一段相声20分钟,观众们缓不过神来,他们老觉得你一开始就说错了,所以,必须马上把这个印象扭转过来。怎么扭转呢? 直接说:"各位观众,我说错了。"这样不行。有经验的老演员就得有在这种情况下的应变能力。于是他说:"各位观众,你们刚才是笑我吗? 你们认为我说你们这是深圳,好笑? 错了! 我是有意识地把这里说成深圳的!"观众们一看李伯祥绷着脸,不像是开玩笑,都愣住了。李伯祥接着说:"因为我是说相声的,到的地方太多了,什么上海南京广州重庆……深圳我去过好多次。我发现我们深州的干部和群众,热情、文明、礼貌不亚于上海,不亚于深圳,我相信在大家的努力下,将来我们深州完全有可能赶上深圳。"这时台下报以长时间的掌声,而且还有人喊好。待掌声稍一平息,李伯祥又跟了一句:"我只不过早叫了几年。"这时台下不但有掌声还有笑声,后台的人在议论:"他真能'白话',愣把自己的错误说成正确了。"

他在年轻的时候也经历过这么一次,那是和穆祥林演出《地理图》,也是"贯口"活。由于他多年的勤学苦练,大家都喜欢听他的"贯口"。说《地理图》的时候,后台也有很多演员在台口听,看到大家都这么给他捧场,李伯祥有些激动,在说到"……法国巴黎"的时候,后面应该接从欧洲到地中海,可是他忘词了,贯口中忘词是演员的大忌,因为很难掩盖破绽,怎么办呢? 后台演员还没发现他忘词,只见他说到"法国巴黎"后,顺口说上了含糊不清的外国话,引得大家哄堂大笑。穆祥林问他:"你怎么说上外国话了?"他说:"因为我到了法国,就得说法国话。法国话你听得懂吗?"穆祥林反应很快,马上说:"你要说中国话背地名我听得懂,说法国话背地名我听不懂,各位观众给鼓鼓掌,请李先生还是说中国话吧!"就是这么几句话,给李伯祥留下了几十秒钟的思考时间,后面的"贯口"就行云流水地说下来了。有的年轻演员竟然没看出来他忘词,还以为是他在"贯口"中加了个"包袱儿"呢。由此可以看出,演出中忘词在所难免,关键是演员临场反应要快,要有弥补失误的能力。

所以,内外行都尊重他、服他,钦佩他台上台下的"白话"能耐!

嘛叫天津人的「道儿」

嘛叫天津人的"道儿"

——话说书法家唐云来

天津人称"道儿",是指"冬练三九夏练三伏"所学到或悟到的"道行",有了"道行"的人,还必须在自己所从事的领域中为人规规矩矩、办事有板有眼,才叫"入道儿"、"上道儿"。如评价某个人学艺不精,能耐不大,便会说"这个人的'玩意儿'缺道行"。有"道行"的人,如做事"走界",便会说这个人"不地道或没在道儿上"。道儿,是一个人的本事和境界的综合体现,也是对一个人的艺术及人品、修养、道德的全面评价。我认为,在今日津门书坛,任天津书法家协会主席的唐云来先生,就是一位"玩意儿"地道,为人做事在道儿上,同时也是一个得道多助的书法艺术大家。

他的为艺之道

在道儿上的艺术家,首先要看他在艺术上有什么独到之处。由于工作关系,我不但能经常欣赏他的作品,而且,我还喜欢看他挥毫泼墨的状态,因为这种身临其境所感受到的激情,可以把人带入一种境界。悟其书法神韵,味其情趣,每每都给人心灵以撞击。

唐云来谈起为艺之道,常以学书"三段论"示人。即明末一位书家说的"一段要专一,二段要广大,三段要脱化"。他少时苦学颜体练就了厚实而专一的基本功。后亦涉如欧、柳等唐楷大家,中年时尤其钟爱米芾诸帖,兼及晋人行草、明末王铎、傅山、北碑、墓志等法书,临池不辍,努力悟其神髓。在

175

津门书坛，其独占鳌头的特点可以用两个字概括——米风。曾记得，米南宫自称是"刷"字，明里自谦，实则点到精要之处。观云来书法的运笔、章法、气韵也颇具"米"风。挥笔迅疾而劲健，尽兴尽势尽力。观其通篇，具有绵延万里之势，点画结构间，仿佛有望楼雉堞、巨龙起伏之态。重墨处若块垒沉雄，淡墨飞白如薄纱轻烟。章法别具匠心又自然疏朗，竖不拘行，横不守列，似抒情的交响曲，节奏韵律间充满着激情与诗情画意。王学仲先生称其"学米学得最好，既得米书之风神，也有个人出帖的独到的体味"。从云来的行草书法中，也可看到其深具颜鲁公和魏晋唐宋元明各家的笔法，并吸收了某些碑刻墓志的优长，形成了颜底魏面、丰筋而藏骨之势。按照"三段论"的提法，他正在履行"二段要广大"即广泛涉猎的阶段。然后，他在此两个阶段的基础上，朝夕沉酣，无古无今、无人无我、写个不休、厚积薄发，追求所谓"三段要脱化"的超级阶段。他说，这个阶段是绝无止境的，应该成为自己一生的目标。但必须达到全面的艺术修养，达到"悟门大启"才能实现这种境界。

现在，唐云来书法巨制，陈挂于北京人民大会堂、中南海、中央玉泉山11号楼休息室，他题写的匾额楹联镌刻于蓟北雄关、盘山索道、六和塔等名胜之地，全国各地几十处碑林和200余种出版物都留有他的墨迹，记载了他由"专一"到"广大"，后追求"脱化"的为艺之道。

除书法之外，他尤其擅长填词赋诗，他在全国发表、展出的书作中大部分是自撰自书，每到一地必以诗词记之，现存诗稿已达数百首之多。2010年元月，《书法导报》给他设了"大家"专版，将他写的《庚寅十二月令歌行》诗稿全部发表，在全国诗坛、书坛产生了很大的影响。诗词家赵金光撰文称云来的诗"一个突出的感觉就是自然清新","无雕章琢句,诗味十足"。他也写新诗,在抗击"非典"时,他写的《父亲的遗像》曾发表在《今晚报》和《中国艺术报》上,并被天津电视台改编为配乐诗朗诵,使广大观众热泪盈眶。他也写散文,在新中国成立六十年之际,由海天出版社编辑出版的《共和国城市礼赞》特邀云来写了《天津巡礼》发表,生动地反映了改革开放以来天津的巨大变化和历史底蕴。他为各种书展、出版物写的序言、跋语更不计其数。可见唐云来走的是一个复合型的为艺之道。

他的为学之道

书法是紧紧连着文化的艺术门类,特别是与中华文化紧密相连。这就要求我们的书法家,在践行为艺之道的同时,必须做学问。不然,他就成为一个写字的机器。云来的与众不同之处就是他坚信这一规则,并在努力实践着。我们可以看一看他在这方面的突出表现。

首先是"知不足"。就是坚信孔夫子说的"学然后知不足"。云来自幼生长在一个贫苦的小知识分子家庭。他的父亲曾是一位体弱多病的私塾老师。他自幼受到天然的文化熏陶。自然不满足于在小学校里学的那些知识,而试探着跟父亲学这问那。谁知,他却是一点即透,而且过目成诵。父子俩就在茅屋草舍的土炕上,对对子、念唐诗、习古文。从《朱子治家格言》、《三字经》、《弟子规》等儒家启蒙读物学起,进而是《论语》、《孟子》、《大学》、《中庸》、《古文观止》等经典读物的研读。在三年困难时期,父亲因病去世,为支撑家庭生计,他辍学务工。但"知不足"的云来,忍着劳累和饥饿,务工之余,仍然学习,背诵着父亲留给他的那些典籍,并且潜心从事着书画的钻研与创作。

20世纪70年代初,他在担任汉沽区城建局办公室副主任期间,虽然文案工作繁冗,仍挤出有限的时间,奔走天津市区和汉沽之间,参加天津第二工人文化宫举办的工人业余美术研习班。当时就得到了王学仲、孙其峰、孙克纲、杜滋龄、郑庆恒等书画大家的指点,暂时满足了他学习书画艺术的渴望。

　　70年代末,天津广播函授大学(后为天津广播电视大学)招生,他又抓住系统学习中国语言文学的一次机遇。当时,云来是上有老,下有小,工作还是繁冗的办公室文秘工作,居然坚持了三年的业余时间,取得大学文凭,获得天津广播电视大学优秀学员和天津自学成才典型人物的称号。

　　90年代初,他已调入天津书协工作并担任书协秘书长,这是一个非常占时间、耗精力的工作。即使这样他还是自费到北京大学书法研究班进修半年,在那里又聆听了全国著名的北大教授们的教诲,对与书法有关的哲学、美学、文字学及诗歌文赋有了系统而深入的了解。他的"求知欲"又一次得到了满足。他,就是这样走着自己的求知之路。

　　其次是"博学强记"。他常对同事、弟子们说:要能做到书法创作的自撰自书,那就必须有背诵古文诗词的功夫。拿作诗填词来说,必须通过"死记硬背",掌握、熟悉传统诗词的"诗律、诗言、诗韵、诗典"进而熏陶、锤炼自己的"诗情"和"诗境"。他确实在这样实践着自己的话。在临睡的蒙眬之际,在长途乘车、候机的空闲时间,他似乎在想着什么,其实许多时间在背记他所学到的诗文,也酝酿着他的诗作。云来已是近67岁的年龄,但他至少有数百首诗词、上百篇古文能够记诵。他背诵起像《论语》、《大学》、《中庸》等名章名句,他背诵起某些先秦散文,背诵起《桃花源记》、《归去来辞》、《滕王阁序》、《岳阳楼记》乃至佛家的《般若波罗密多心经》等名篇,真是滚瓜烂熟。众所周知的,他还能大段大段地背诵毛泽东语录和影视台词,成为大家茶余饭后的娱乐节目。

再次是"学以致用"。云来所学的知识,所记诵的诗文,所以比较牢固,是因为他学以致用。大家都知道,云来出席书法笔会是从来不带《书家必携》、《书家挥毫指南》之类的工具书的,写几十幅字不查书也不带重复的,写出来都是他背诵的诗文。

一次他为朋友选写书法创作内容,从书店买来的由浙江某出版社出版的《古代诗词选》,仅翻了几十页,就查出错讹达百余处,使这个正式出版物的前几十页成了一沓校样。他郑重地告诉这位朋友,这样的书是出版界的悲哀,照着写出书法来,是书法界的悲哀。这样的书内容"不可靠,千万别用,不然,你的作品将会贻误后人,遗憾百世的"。

2010年,一位书协会员准备出版一本书法集。找到云来审阅他的稿样。云来认真地审阅了稿件,指出错误达20处。云来不但能发现他所熟知的诗文内容的错误,还能对不熟悉的文句指出问题。如这位会员书写了一首孟浩然的诗,其中有两句:"屡迷青嶂合,时爱绿梦闲。"他并不熟悉此诗,但他发现"梦"在这里肯定是错用。因为"梦"字是仄声字,而这里应该用平声,他坚信这位著名诗人是不会犯这种低级错误的。结果一查《全唐诗》,"梦"字是"萝"字之误,"萝"是平声,应为"时爱绿萝闲"。这样的事例,云来在多年审阅书协出版的各种作品集中,不胜枚举。

再说一例,可以看到云来"学以致用"的严谨性。2010年4月,南开区委、政府领导请文联有关同志出席庆贺百名公仆艺术家为玉树地震灾区募捐活动成功而举办的答谢宴会。酒酣之际,我让云来为南开区委书记刘长顺同志撰写一副嵌名联。云来以他深厚的对联功力,脱口而出"长风破浪行千里,顺水行舟力万钧"。博得在场人员的热烈掌声。又在大家的簇拥下,云来走向画案挥毫要为长顺同志写下这副对联,稍一迟疑,云来发现,上下联都有一个"行"字,这是作联的大忌。自己作了声明,将下联的"顺水行

179

舟"改成了"顺水放舟",又获得一阵掌声。云来说,这应该是很寻常的事,也是做学问的"道儿"。

他的为人之道

2008 年 9 月 5 日,唐云来在天津市书法家协会第三次代表大会上当选为天津书协主席后的即席发言,讲了三句话,一是感谢,二是服务,三是学习。在"感谢"的话语中,他表达了对党组织对先辈对朋友的感恩之情。他引用了《朱子治家格言》中一句难忘的话,就是"施惠无念,受恩莫忘",这是他常用来规范自己思想和行动的话。在"服务"的表述中,他引用了"曾子三省吾身"的话,强调了自己的责任、使命,将"为人谋而不忠乎"作为对自己的鞭策,表达自己要全心全意为会员服务,为繁荣发展天津书法艺术甘作奉献的承诺。关于"学习"一句的内涵,上文已有叙述,不再重复。正是这三句话,折射出云来的为人之道。几十年来,他在工作岗位上,在艺术道路上,是这么说的也是这么做的。

激情源于生活和责任,但仅此还不能使一名艺术家获得成功。我认为,还要追本溯源,这个源,就是德艺双馨。云来深知"德成而上,艺成而下"的道理,所以,他在事业与名利面前,甘于奉献。自 1997 年始,他具体组织指挥了四届中国(天津)书法艺术节和三届中华民间艺术精品博览会,共七次大型文化艺术会展活动。当他的某些同仁在捞得不薄的"真金白银"时,他却每每为了各项活动而以书作换友情,游说于企业商界之间,推掉了多少"赚钱"的笔会,捐赠了多少书法作品,每年都难记其数。这仅仅是损失些许"薄银"吗?不!在市场经济的潜规则中,书法收藏家都是"买贵不买贱"、"买少不买多",因为终究"识货"的内行较少。有些善于经营自己者,便把自己的价位"炒作"得很高,然后,再"以友情为重"打折出售,购买者认为给足了面子还千恩万谢,甚或有些会经营者还宣称每月只卖一幅,于是购买者趋之若鹜,以能据有稀少、昂贵的作品而自豪。难道这些市场经济运作的门道儿,云来是不明就里吗?绝对不是!他有着自己的思维模式,也不认为自己吃亏,为了工作和方方面面的关系,人家需要写什么内容、多大规格,他都有求必应、尽善尽美地去完成。不仅是天津市文联、书协所举办的活动,在诸多社会公益事业中,如书法下乡、"大地行"采风、深入工厂、慰问部队、救灾、扶贫、助残,甚至为患病的书法家进行义卖筹款等等,他都是组织策划者和带头奉献者。他认为自己的身价不是仅仅以金钱来衡量的,能在天津书坛带出一支为书法事业不计名利、甘于奉献、活跃在各项大活动中的响当当的志愿者队伍,才是自身价值的完美体现。其中,有书协副主席顾志新、李泽润、况瑞峰、张建会、李锋,秘书长冉繁英、副秘书长邵佩英,以及顾问孙宝发、王全聚,名誉理事赵伯光、陈传武、赵士英、陈启智,理事刘彦明等人,个个都是为人师表的奉献者,这就是天津书坛及他本人引以为荣之事。

他担任中国书协刻字委员会副主任,并为中国现代刻字艺术发展尽职尽责、煞费苦心。他多次参与组织中日、中韩国际邀请展和国内大展,促成了"汉沽刻字"群体在全国的地位和影响。

2010年,为了使天津刻字在全国展上取得更好成绩,他自己出资两万元,捐助书协刻字委员会的活动。并撰写了《我们面临着挑战》一文,激励广大刻字作者。

前几年,组织上曾作了一个决定,不能总让甘于奉献者吃亏,要为唐云来出一本书法作品集,搞一个像样儿的书法个人展览,可至今他都仍未接受。他从事书法专业五十余年了,还从未搞过个展,他在书协领导岗位的二十多年里,每年都要亲自为别人策划、组织、主持无数个展览。还有作序,题跋之类的烦请,他都从不懈怠,都是认真审读考证,评价公允,言之有据,坚拒偏颇、溢美过誉之辞,力主为后学者提供可资借鉴的门径。在仕途,有一种59岁现象,可他却在这一年与兄弟单位合作,成功地创办了旨在培养书坛新人的书法大专班、大本班,令全国书坛刮目。前数年,天津市文联的保健医生几次正言厉色地向文联党组"告状",因为根据例行体检的结果,云来患有严重的心脏疾患,几次"勒令"其住院未果。天津总医院心内科专家也劝其住院或手术治疗,可他却认为自己年龄大了,还有许多事需要再拼一下,所以至今仍然毫不懈怠地拼搏在奉献的岗位上。

但我也有一丝欣慰:人的境界也能改变不公平的命运,只要是有心人,也可以在吃亏、奉献中获得成功。

因为境界,使他开阔了眼界,在任务繁重的书法节和博览会中,使他每年可阅览数以万计的书林才俊之作。耳濡目染,学宗多家,辨雅俗,识进退,足酝酿,阔眼界,再临池月晨灯夕,使他得以飞越并闯出自家天地。

艺术家的责任,可以迸发时代激情;激情,也鼓荡着我们呐喊一个真理:只有从崎岖榛莽中开拓过新路的艺术家,才是真正的得道之人!

嘛叫天津人的「能耐」

嘛叫天津人的"能耐"

——话说歌唱家关牧村

能耐,在天津话中与普通话的"本事"近似,但我认为,"能耐"又具有高于"本事"之意。本事,多指具体的本领、技能;而能耐,是对一个人的总体评价。天津卫若说某人"能耐",除了说这个人在技术、艺术和具体事物的处理上有能力之外,还包含对这个人的高度概括和称赞,是"本事"和"能人"的总称。

歌唱家关牧村就是有能耐,在 2010 年的"三八"妇女节,她又一次被授予天津市"十行百杰"的荣誉称号。一个人做一件或几件公益事、获得一次或几次荣誉称号容易,而数十年始终保持荣誉就是能耐。她从 1970 年参加工作被评为先进生产者起,至今整整 40 年,从未间断获得全国或天津市的荣誉称号,艺术上也不断取得飞跃式的突破。当我在 2010 年中央电视台春节晚会上,又一次看到她演唱《难忘今宵》的结束曲时,发自内心地赞叹:咱天津的关牧村就是能耐,是真能耐,是让内行、外行都佩服的能耐。那么,她为嘛这么能耐? 她的能耐又是怎么锤炼、提升和显示的呢?

能耐,在磨难中锤炼

能耐是怎么产生的呢? 天津人发明了"能耐"二字是真有学问。从字意上说,这个人除了"能"之外,还要有一个"耐"字。"耐",是经得起、受得住的意思,引申开来又是一种毅力和韧性。这就是告诉你,谁能对自己的意志

185

和性格进行艰苦与持久的磨练,谁就能长能耐。我认为,关牧村的能耐,就是在艰苦的磨难中逐步锤炼出来的。

1956 年,关牧村刚满三岁,在北京某机关工作的母亲患了胃癌。从那时起,关牧村幼小的心灵,开始承受着一个接一个的磨难。似乎懂事儿的她,能谦让着大她三岁的哥哥,哄看着小她两岁的弟弟。一年后,同在北京工作的父亲又被打成"右派",全家被遣送沈阳农村,以种地为生。政治上的压力,生活中的艰辛,没有摧垮这一家五口。乐观的母亲,影响着年幼的小牧村。她的第一首歌,就是具有音乐天赋的母亲教她的:"青青的山,蓝蓝的天,青山下绿一片,麦浪滚滚望不到边……"这也是在教她的意志,教她用乐观去战胜困难,教她能耐住清贫,耐住寂寞。父亲在田间劳动,她手拿采集的野花,唱着这支歌,同忍着病痛的妈妈、年幼的哥哥、弟弟去给爸爸送水、送饭。饥饿、寒冷、贫穷,使母亲的病越来越重,在父亲的劝说下,经过向母亲原单位申请,1960 年,她和哥哥、弟弟陪伴着母亲来到天津落户。

乐观地面对困难,似乎更是天津的民风。"到哪儿说哪儿,在一个院儿住就不是外人。""你们娘儿四个不易,有嘛事儿言语。""咱逆势顺办。""有嘛啦? 天塌不下来。"她们经常得到富有天津特色的、热心肠人的鼓励和帮助。天津人有句话:"闺女是妈妈贴心的小棉袄儿。"母亲有时疼得大汗淋漓,没钱买药,懂事的小牧村就用自己的小拳头儿给妈妈顶着。即便这样,母亲仍坚持教牧村唱歌,并把她送到少年宫学习。不久,天津市小红花艺术团吸收了她。小牧村回家后,既给邻居们唱,也给母亲唱。歌声,排遣着母亲的病痛;歌声,给这个家庭带来欢乐。但磨难并没有停止,1963 年母亲抛下七岁的小牧村离开了人世,父亲回津做临时工照顾三个孩子。1966 年父亲为了能从临时工转为正式工,独身随厂迁往山西。又过了两年,哥哥也"上山下乡"离开了天津。

13 岁的她带着 11 岁的弟弟挑起了生活重担。爸爸每个月勒紧腰带只留下 10 到 15 元钱的生活费,将剩余的 25 到 30 元全部给他们寄来。她们姐俩住着一间不到 12 平方米的房子,一张断了腿儿的床,被子全都露着棉花。不知有多少夜晚,她带着弟弟从运煤车路过的地方扫些散落在地上的煤末,做成煤饼生炉子;夏天买些便宜的蔬菜腌成咸菜,一直吃到来年春天;冬天大白菜上市时,她去捡菜帮子、菜叶儿,回来蒸"团子"。

天津人可跟别的地方不一样。北京人,邻居见面大都点头一笑,表示矜持,所谓不过问人家隐私;上海人,是怕别人知道自己的事,所以他们彼此尊重对方,不询问、不扫听,互相见面打个招呼或看上一眼就不错了。天津人可不然,有嘛儿说嘛儿,老街近邻,谁家的事儿都是自己的事儿。住在一个大杂院,谁出去都不用锁门,只要向邻居说一声,回来后暖水瓶给你灌满了,煤球炉子封好了,有好吃的给你端一碗来。关牧村和弟弟就经常得到这样的照顾和接济。

"村儿,你为嘛不去少年宫唱歌了? 去! 唱好了,也是报答你妈!""没有过不去的火焰山。""去吧! 你弟弟放学回来我们照顾。"磨难考验着关牧村的意志和毅力,她没有放弃唱歌,在左邻右舍的热心人帮助下,每天早晨,她都坚持和同学们在海河边喊嗓子练声。

可"老天爷"总是把不幸带给她,"文革"中,父亲又被打成"现行反革命",家中的东西全被抄走了,小牧村据理力争才要回来两床被子。父亲进了监狱,邻居们仍然没有嫌弃他们。当时,自行车就算一个家庭的奢侈品了,邻居们听说小关的弟弟为了省钱要去郊县买玉米粒回来自己碾面。便说:"爷们儿,骑我们家自行车去,你随便用。"

外地人管孩子叫法多样,但天津卫不管你岁数多小,都叫爷们儿。这既是长辈对晚辈的尊重,不拿你当"小厐厐孩儿"。同时又对小孩是个激励,穷人的孩子早当家。弟弟也把自己当爷们儿,每次从郊县回来的路上,饿了,就嚼把棒子粒,累了,躺在公路边睡一会儿。回来后,姐姐总是把他那冻得

像胡萝卜一样的小手，放在怀里含着泪给他暖着。有一次，关牧村回家后，看见桌上放着白米饭，便追问："怎么回事?"弟弟看姐姐逼得急，这才说："为了让姐姐吃一顿饱饭，我去卖血了。"说完姐俩抱头痛哭。

　　不只是邻居，牧村所在学校的领导、音乐老师也拿她当自己孩子。1970年，牧村即将初中毕业了，学校领导把她推荐给来津招考文艺人才的某建设兵团，他们听了牧村的一首歌之后，便决定录取了。可学校领导替牧村出面"拔闯"，提出："她被录取还有一个条件，必须将她的弟弟一块带走，她家就这姐弟两个，妈妈去世了，爸爸……"结果，弄巧成拙，一切成了泡影。学校的音乐老师再领她报考天津音乐学院，又因政审不合格而不能录取。记得，当时学校推荐她考了七个单位，都因为她是"反革命的狗崽子"而被无情地打入另册。

　　怎么办呢?乐于助人且"敢于担肩儿"的天津人随时可遇，她所在学校的学工单位是天津钢挫厂。她在学工的休息时间给工人叔叔们唱歌，师傅们喜欢她。一打听，这个孩子这么可怜，马上表态："她初中毕业我们要!"便破例将17岁的她招为学徒工，每月工资17元。还告诉她说："有我们吃的，就绝不叫你们姐儿俩饿着!"1971年，也就是她到工厂的第二年，厂里又决定每月补助她生活费15元。并鼓励她说："小关啊，抬起头来生活，我们认为你是好孩子。"

　　在工厂，师傅们还都支持她练唱和演出，她的师傅姓许，每天都赶在她上班前早来，给她将机床刀具备好、加油，做好班前准备工作。待牧村到车间后，便豪爽地甩出一句："都弄好了，早晨空气好，到后院儿去练声吧。"师傅爱抽烟，但从不在她跟前抽烟，怕对她嗓子有害;她病了发高烧，厂里的老大姐们"结伙儿"地去她家烧汤做饭，一口一口喂她;天冷了，她们又来帮她拆洗被褥。除了生活上帮助她，大家经常对她说的一句话就是："宝贝儿，要争气，长能耐!"

　　能耐，在磨难中锤炼。内因是决定因素，外因是转化的条件，外因通过内因发挥作用。内外因相汇的锤炼，使关牧村得到了激励和认可。在厂里，她年年、季季都被评为先进生产者。

能耐，在报恩中提升

嘛叫有能耐？天津人讲话："有能耐的人，从来都不说自己有能耐。"而对那些因缘际会、侥幸成功却喜形于色、洋洋得意吹嘘自己有能耐的人，都嗤之以鼻，或送其"能耐梗"的绰号，再甚，还会送去"大尾巴鹰"的贬称。

关牧村有能耐了，能耐一天比一天大，但凡认识她的人，都有一个共识，就是她从来不"显摆"，而且能耐得住鲜花和掌声。

父亲 1975 年从监狱回来，随后也"落实政策"得到彻底平反。她也成为天津歌坛有影响的歌手了，1977 年东方歌舞团团长王昆派人到津调她，恰逢天津歌舞剧院也决定录取她。上哪儿去呢？东方歌舞团能为她搭建更广阔的平台，但她割舍不掉对天津的感情，不愿离开曾经帮助过她的乡亲们，她来到了天津歌舞剧院。伴随着她的歌声，其声誉、地位越来越高。"知恩图报"是天津人"够板"之举，有了能耐的关牧村，也有着典型的天津人的仗义。但她发现，每一次的报恩之举都让她感受到一种由"蔓儿"到平常人的回归，一次灵魂的净化，一次继续锤炼能耐的境界提升。她已经是连续荣任多届的全国政协委员、全国青联副主席、天津音乐家协会主席，接触各级机关和领导的机会很多。但每次她去问她的师傅、邻居、启蒙老师，有什么事需要办？有嘛困难？得到的答复都是："嘛事儿没有，到哪儿也别给咱天津人丢人就行。""别在一时的掌声、鲜花中陶醉，我们能不断地听到你的新歌，看到你的进步，就是对我们的回报。"多好的父老乡亲们啊！所以，无论她多忙、多累，也都坚持看望他们。有心里话，还是像原先一样向他们倾诉。她和前夫因性格不和离婚了，七年之后第二次结婚时，她向在北京工作的丈夫提出了唯一条件：可以不举行结婚典礼，不旅游度假，但必须陪我回天津看望我的师傅们。丈夫非常理解她、支持她，便陪着她到天津进行了一次挨家"认亲"的特殊典礼。

现在的许多名人在接受媒体采访时，只是宣传自己，很少提及培养自己的恩师了。所以，绝大多数观众只知名人，而不知名人之师为何人。但关牧村不然，她总是在各种场合宣传培养自己的恩师。她说："自己的这点儿能

耐,离不开两位恩师,一位是曾在天津音乐学院工作的作曲家施光南,再一位是中央音乐学院的教授沈湘。"

施光南的夫人讲:"没有关牧村就没有施光南。"而关牧村无论在任何场合都说:"没有施光南就没有我关牧村。"

施光南根据关牧村的自身条件,为她量体打造了一系列脍炙人口的歌曲:《吐鲁番的葡萄熟了》、《月光下的凤尾竹》、《多情的土地》、《祝酒歌》、《孔雀向往的地方》、《黄昏时的等待》、《阿妹的心》等,有十几首。《假如你要认识我》则是他知道关牧村被评为全国新长征突击手后,特意为她创作的。她主演的电影《海上生明月》,又是施光南专为她谱写了组歌。

再一位恩师是沈湘教授,在组织上送她到中央音乐学院进修时,沈湘教授专门根据她的条件,制订了一套教学方案。

关牧村曾举过这样的例子。在一次歌手大赛中,规定必须要演唱指定的古典歌曲——舒伯特的《小夜曲》。当时擅长演唱古典歌曲的一些演员就说:"这回可要比试比试啦!"比赛中,老师、领导都为她捏了一把汗,等演唱下来又都为她祝贺,因为她获得了一等奖! 她说:"如果没有沈湘教授对我的指导,我还延续和满足于自由演唱,不练好真假声结合的混合唱法,也就不可能唱好舒伯特的《小夜曲》。"

在电影《海上生明月》中,有一首歌曲叫《爱的浪花》,该曲要求演唱者从女低音、女中音一直唱到女高音和花腔女高音区,音域达两个半八度。像这样的歌曲,如没有真假声结合的演唱方法,也是不可能唱好的。所以她说:"我的成功,凝聚着沈湘老师的心血!"

两位老师先后故去了,她除了利用各种场合宣传恩师,把自己的成就归功于恩师外,她认为,感恩的过程是不断提升自己的过程:"感恩是要不断地回忆、牢记两位恩师在教学上、在方法上要求的每一个细节,并时时提醒自己,还有哪些不足,还有哪些需要努力。"

作为一名著名的女中音歌唱家,关牧村曾多次出访日本、美国、瑞典、丹麦、泰国、新加坡、塞浦路斯及香港等国家和地区。尤其是在美国,洛杉矶市政府授予她荣誉市民称号,有关方面还两次要为关牧村办理绿卡,允诺她到美国定居的待遇,这些都被她毫不犹豫地谢绝了。她表示:"是中国人民培养了我，我的恩人是中国人民。我对祖国人民有永远报答不完的情和恩。"

她在自己的人生格言中，第一句话写的就是："以感恩的心回报社会。"在感恩中，她提升了对能耐的认识，她说："能耐，如不伴随着责任、使命，再大的能耐也是无根的草，也是没有生命力的！"

能耐，在向善中展示

嘛叫真能耐？真能耐是以自己的能耐去从善、行善、向善，是以能耐实现自己的理想和信念，是以能耐为资本而做一个有益于人民的人。

关牧村推掉了许多头衔和职务，而她最喜欢的是"慈善大使"、"环境使者"和"爱心大使"。

所以，凡是天津市或全国性的义演、慰问、公益活动，几乎没有她不参加的，像心连心艺术团、送欢笑下基层、去老区、赴灾区、下部队、奔农村，即便是推掉有高额报酬的商演她也得去。她除了要用艺术回报社会，还把这些活动作为净化自己灵魂的课堂。在南昆铁路鏖战正酣时，国家有关部门组织了一次以"文化列车"的形式沿铁路进行慰问演出的活动。半路上她病了，一直打点滴，即使这样，她也从头到尾和大家吃盒饭，睡一样的铺位，参加所有的演出活动。返回时，主办单位规定主要演员可乘飞机回去，而她说："都坐飞机，火车上就空了，那还叫什么文化列车呀？"她坚持在返程中继续演出。

她记得在一个寒冷的冬天，工人们听说她们要去，头天就在工地现场用脚手架搭起一个临时舞台。这舞台底下四面透风，她冻得直哆嗦，可再看工人师傅们，都整整齐齐坐在台下空地上一行行的砖头上，这情景让她感动不已！所以，工人师傅们想听什么她就唱什么，让她唱多少就唱多少。她认为：能耐用在这样的地方才最有价值。

有一次她在外地演出，观众们热情地让她唱了一曲又一曲。回到招待所，正准备吃饭时，工作人员领来一位年近七旬的老太太。她上前拉住关牧村就哭，原来老太太毕业于北京的一所大学，非常时期被下放到边远地区。在那些困难的日子里，是关牧村的歌声给了她生活的勇气，这些年她一直心

存感激。听到关牧村来了，一早就来到现场，谁知人太多没有挤进演出场地，失望之余，坐在草地上伤心地哭起来。热心的工作人员就把她送到了招待所，于是关牧村连饭都没吃，就给她一个人唱，一曲接一曲，直到老人哽咽着说什么也不让她唱了为止。那种场合感动了在场的许多人。

春节，是演员创收的最好季节，可是她辞掉了商演的邀请，和中华慈善总会的同事去长白山慰问老人和儿童，把歌声送给他们，和他们一起包饺子。在春节，她也来到天津敬老院，看望那里的老人，帮助他们擦地、喂药。她还和香港演艺界朋友一起参加十大爱心之星活动，到福利厂慰问一线工人。

有一次，著名国画家、奥运会吉祥物的创作者韩美林来津出席活动时讲："我和小关等人关系最好，为什么呢？因为我们是一个协会的，什么协会？简称'弱协'，也就是'弱智协会'。"紧接着他还"砸"了一"挂"，他说："有一次我们几个'弱协'的成员去吃饭，服务生问喝什么饮料，我们说有什么奶？服务生开始报，有鲜奶、酸奶、热奶、冰奶……姜昆'砸挂'说：'有猴儿奶吗？'关牧村认真地跟服务员说'我要猴儿奶'！"这似乎是一个玩笑，但凡

接触过关牧村的人都知道,她不穿名牌,不讲吃喝。但做慈善事业那真是毫不吝啬。希望工程,她资助三十个孩子完成义务教育。有一次她在一家报纸上看到一名农村高中生参加数学竞赛获得优秀奖被破格录取上大学,母亲为供他上大学卖了一头怀孕的驴,她便马上寄了一笔钱给学生的母亲。

有一年春天,关牧村去燕山的途中,在一个叫三叉沟的地方,遇到一群没钱上学的孩子。她默默地给这30来个孩子提供了上学的费用。十余载后,其中最大的孩子考上了北京医科大学。现在,这个村通过她的捐助又建起了图书室。

有一次,北京的一个"临终关怀医院"给她寄来一份由病人集体签名的贺卡,说喜欢听她的歌,她立即驱车前往。到了医院给他们唱歌,给他们影碟和一批图书。从那以后每年都去。后来她还建议把"临终"两个字去掉,改名叫松堂关怀医院。

在2010年的全国政协会议上,她经过充分准备,认真调研,向大会提交了一份《关于建立特殊困难家庭危重疾病救助机制的提案》。多年来,她递交了许多提案,内容基本上都是关注弱势群体的。

善,是一种境界;善,不是施舍;善,也是共产党人最本质、最朴素的一种情感。能耐和善良是孪生兄弟,用能耐行善是共产党人的义务之本、责任之源。我们赞赏关牧村的能耐,更希望天津多涌现这样有能耐的人。

嘛叫天津人的『找乐儿』

嘛叫天津人的"找乐儿"

——话说著名相声表演艺术家魏文亮

"找乐儿",是天津人常用的方言,无论是机关还是企业,是干活儿还是聊天,总会出现人们喜欢的"找乐儿"的人,并听他讲"找乐儿"的"哏儿"。有时候也爱用"找乐儿"一词批评别人把事办砸了:"你办的嘛事儿? 这不'找乐儿'吗?!"当别人拿他开玩笑时,他会说一句:"别拿我'找乐儿'!"对于人与人之间的"找乐儿",一般情况,绝不会头暴青筋兴师问罪。为什么呢? 因为天津人喜欢幽默,而且,天津人"找乐儿"的学问,是在"找"字上。看谁能找出情趣,找出智慧,找出修养,找出学识。在这方面,我欣赏魏文亮,他的"找乐儿",那才叫绝!

"找乐儿"脱险

魏文亮出身曲艺世家,母亲是唱时调的魏墨香,父亲是瞽目弦师魏雅山。旧社会生活贫困,终日为吃饭而奔波。1947 年,为生活所迫,全家"闯关东",到锦州卖艺。就在一次"撂地"时,年仅 7 岁的魏文亮唱了跟母亲学的小曲儿《发四喜》,不想被一人赏识。这人名张文斌,北京人,是说相声的,同样也是为了生活"闯关东"。他发现魏文亮唱的小曲,虽未脱稚音,却字正腔圆,是一颗说相声的好苗子,便主动提出收魏文亮为徒。魏雅山夫妇便让儿子开始学相声(张文斌是魏文亮启蒙老师,其故去后正式拜师武魁海)。

张文斌会的"活"多,也会教徒弟。文亮聪明,也用功,很快就学会了诸

东方朔

如《六口人》、《反七口》、《菜单子》、《家堂令》、《八扇屏》几个段子,在"地"上演出,还真能挣钱。几天后,就被一个"大棚"的"管事"看中邀走。"大棚"是演出杂耍的地方,因为有棚子,能挡风避雨。没想到,7岁的徒弟在"大棚"居然火了,也是因为他的个子小,脑袋大,留着一条长辫子,上了台,站在一个小板凳上表演。而且,沾"包袱儿"就响。所以观众喜欢他,都管他叫"小怪物"。"管事"的喜欢他,给的钱跟几个主要艺人一样,而这一点,在相声史上鲜有先例。但他毕竟是孩子,是孩子就不可能不贪玩儿。这天晚上,他上场啦,师父张文斌给他"捧哏",使的是《珍珠衫》,已经"入活"了,坏啦!文亮想尿尿,台下光顾着玩,把尿尿给忘了。文亮心里着急,怕尿裤,要真尿裤,花钱买票的观众还不得砸园子?要是说半截下去尿尿,以后也就别

在此地演出啦。但文亮想尿尿,师父张文斌一点儿也不知道,还在认真地给他"捧哏"。有这样几句台词:

师父:告诉你,李金顺、爱莲君、刘翠霞、白玉霜,这是评戏的四大名旦。

文亮:唉,白玉霜您也认识?

师父:认识。

文亮:这白玉霜可不是外人。

师父:那是……?

文亮:我师姐。

师父:这不胡说吗? 你师姐是白玉霜,那你是?

文亮:黑胰子。

每次说到这儿,"包袱儿"准响。然后张文斌翻一句"黑胰子呀? 我还没看出来"。可是还没等张文斌说完,魏文亮紧跟着问了一句。

文亮:您知道黑胰子吗?

师父:知道,是洗脸洗衣服用的(师父心想:怎么乱加词儿? 这小子想干嘛呀? 没办法,只能你有来言,我有去语)。

文亮:除了洗脸洗衣服,黑胰子还能治病。

师父:治病? 没听说过,治什么病呀?

文亮:我这两天干燥,就喝了点儿胰子水。

师父:嗨! 这管用吗?

文亮:我一下午跑了六趟茅房。

师父:得,这干燥变成拉肚子了(师父心想:这都是哪挨哪呀?)。

文亮:没错,结果把肚子拉空了。现在我特别饿。

师父:饿也没办法,这儿没有满汉全席。

文亮:是没有满汉全席,可有我妈呀,我妈刚下场,还在后边哪?

师父:干嘛呀?

文亮:叔叔、大爷们,我下去一回儿,我饿,我下去吃我妈一口"个个"(即吃奶)。这个"乐子"是真响呀。他在观众的笑声中,从板凳上下来,就跑后台尿尿去了。师父有经验,这时已经知道他干嘛去了,就接着往下说。

师父:诸位,您是不知道,他说一下午跑了六趟茅房,还说少了,到底去

了多少趟? 这么说吧,一下午,他蹲在茅房没起来,都让这黑胰子闹的,要是光折腾我这个徒弟也行,他妈也跟着受累。我刚才还跟我徒弟讲,晚上的买卖咱回了,他又怕对不起各位……(这时文亮回来了,自己爬上了小板凳)。

师父:吃饱了吗?

文亮:挺撑得慌。

师父:奶水还挺足。

文亮:你馋啦?

师父:没有! (底下的观众这个乐呀)

有一个观众看明白啦,因为文亮下场的时候,夹着腿、猫着腰,是憋不住了。这时候,他等张文斌翻完"包袱儿",也在下面喊了一句:"什么吃奶,这小子是尿尿去啦。"台下的观众就更乐了。

魏文亮这次在台上"找乐儿",非常机智,不但逗乐了观众,也解决了自己的实际"问题"。

不久,辽沈战役打响了,他们一家子和师父决定回津。买不到火车票怎么办啊? 便狠狠心买了一头小毛驴,大人们轮流骑毛驴,遇到能"撂地"的场合便演出赚钱。一天,走进深山老林,突然蹿出来五六个土匪。领头的说:"要从这疙瘩过,就把毛驴儿和身上的钱留下。"全家可吓坏了,师父虽久闯江湖,说尽好话也不行。这时就听魏文亮说话了:"爷爷们! 放过我们吧!我是说相声的,以后您听我们相声不要钱!"这几个土匪乐了,心想:"还想找我们要钱?"魏文亮一看土匪们乐了,脑子也挺快,马上给他们跪下了:"真不要钱!"还真巧,土匪中有一个看过他演出,便跟头儿说:"我听过这孩子的相声,好多人都喜欢他。"领头的也挺喜欢他的乖巧爱人儿,便说:"你说几句话,让我乐了就放你!""行!"魏文亮便说:"就说小偷偷东西吧?! 干什么行业的都能说话,小偷就不行。天黑了,一个小偷上了房,就等人睡了他好偷。人家老不睡,他着急呀! 一着急他说话了:'你们怎么还不睡啊? 你们睡了我好偷啊?'有这样的小偷吗?"

真别说,这几个土匪真乐了,也看这孩子好玩,不忍心下手,便说:"走吧!"嘿! 找了一把乐儿,脱险了!

"找乐儿"解惑

　　一次他赴澳洲演出,因儿子、儿媳、孙子都在澳大利亚,所以,夫人刘婉华也陪同前往。在即将回国的头一天,夫妻二人拿着一张医生开具的处方到药房去买药,但对方看了一下他们递过去的药方,不卖给他们。为什么呢? 原来是药开得太多了,根据规定,不能一次拿这么多。夫人刘婉华听懂了对方话里的一个词"tomorrow"(明天),大该是让他们今天先取一部分,"明天"再来一次的意思。可他们都不会说英语,还得让外国人理解他们,得把药买走。怎么表达呀? 魏文亮有办法,急中生智,把两只胳膊高高举起,做大鹏展翅状。嘴里配合着他刚才说的:"Tomorrow(明天),我们就呜——呜——China!"还在原地学飞机飞了一圈。把老外逗笑了。她夫人不好意思,还在一旁说他:"你这么大岁数别'找乐儿'。"可那个卖药的明白了他的意思——第二天他们就要飞回中国了。于是破例把药一次性卖给了他们。事后魏文亮说:"没办法,不'找乐儿'他能把药卖给咱吗?"

　　临上飞机前,一看时间富裕,便到商场看看还有什么东西可买。这时,他夫人看上一件皮装,想问售货员是什么皮子做的,但是不会说。打了个招呼"Hello"之后就没词了,情急之下,魏文亮又用上了肢体语言,这还不够,便使上了口技。他用手掐一下自己手背上的皮肤,把两只手放在头上装羊角,嘴里叫着"咩——咩——",他再一看售货员,嘿! 对方明白了,而且表现得也很聪明,知道顾客问:"这皮子是羊皮的吗?"售货员说完"No! No!"之后,也把两手放在头上装作牛角,学了一声"哞——哞——"。文亮也明白了:"他告诉我这是牛皮的。"这时,一起来的相声演员刘晰宇等人,都看着这场面有意思,这个过去指一下皮货,"咩——"学羊叫,售货员摇摇头:"No! No!""哞——哞——"学一声牛叫;那个过去指一下皮裤,双手捏住鼻子,"喝——喝——"地学猪哼哼;售货员:"No! No! 哞——哞——"继续学牛叫。一会儿这个"咩——",那个"哞——",这商场的顾客都往这儿看表演来啦! 他们自己也自嘲地说:"咱集体在国外找了一把乐儿,别看找乐儿,外国人能知道咱买什么啦!"

"找乐儿"交友

还有一次他和李伯祥参加一位老艺术家舞台生涯的庆贺演出活动,本来没有他二人演出。三个节目已经演完了,负责舞台监督工作的刘俊杰对他两人说:"二位叔,前几场'泥'了(即效果不好),您二位得上台,把场子给'搅'起来。"救场如救火,他二人二话没说就上场了。那天主持节目的是侯耀华,于是他们上场后先拿侯耀华"找乐儿"。

李伯祥说:"耀华,我让你猜个灯谜怎么样?"

耀华说:"好啊!请。"

李伯祥说:"'猿人买冰鞋,'打一人名,你猜猜是谁?"

侯耀华想了半天,就琢磨这"老活"里没听过这个"灯谜"呀?! 然后告诉李伯祥:

"我猜不出来,您说说这是谁呀?"

"是'侯耀华'"

"这不对,'猿人买冰鞋',怎么是'侯耀华'呢?"

"你太笨啦,我问问你,那猿人是什么?"

"是猴儿呀!"

"对呀!你想那猴儿买冰鞋干嘛去? 这不是'猴儿,要滑'吗(侯耀华)?"

这个"找乐儿","包袱儿"真响,获得满堂喝彩。这时李伯祥又对魏文亮说:"兄弟,你也给他出个灯谜考考他。"

问题来了,因为事先没准备,也没有更多思考时间,而且他也得拿耀华"找乐儿",还必须得跟第一个"找乐儿"相联系,否则,剧场效果就脱节。相比较而言,这比第一个"找乐儿"还难。可魏文亮脑子真快,几乎没有犹豫,便说:"听这个,'猿人买鼻烟儿',你猜猜?"

侯耀华说:"我认输,猜不出来,你告诉我这'猿人买鼻烟儿'是谁?"

魏文亮说:"'猿人买鼻烟儿'你都不知道?"

"不知道。"

"这是'侯耀文'。"

"怎么是'侯耀文'呢?"

"你想那猿人是什么?"

"是猴儿呀!"

"对呀,那猴儿要买鼻烟儿,这不是'猴儿,要闻'吗(侯耀文)'。"

"这么个侯耀文(猴儿,要闻)呀?!"

"怎么样?"

"真有你们俩的?!"

下台后,耀华还真佩服他们:"二位师哥,今儿这'包袱儿'还真好!"

这种"找乐儿",对方不但不会急,还增进了艺术友谊。

再有,一个喜欢他相声的欧洲人带着夫人拜访他们夫妇,这个外国人会说中国话,一见面就夸魏文亮相声说得好。出于礼貌,文亮也赶紧把自己的夫人向外国人作了介绍。这个外国人也用中国话夸奖文亮的夫人:"啊!你的夫人很漂亮。"文亮谦虚地回答:"哪里,哪里。"

"哪里,哪里"这句话,在我们国家谁都知道是一句客套话。可外国人对中国语言的含意,根本不甚理解,当文亮说完"哪里,哪里"之后,他纳闷:"你向我介绍你夫人,我夸她很漂亮,这也是出于礼貌而说的一句应酬话呀?!怎么还问我? 你媳妇'哪里'漂亮啊?"没办法,这个外国人接着捧吧:"啊!你的夫人皮肤漂亮,眼睛漂亮!"文亮还没明白过来,还用礼貌谦虚的语言回答:"哪里,哪里。"这外国人心想:"怎么还问我哪儿漂亮? 这个人喜欢让人夸他夫人? 什么意思呀?"于是接着捧:"你的夫人耳朵漂亮,嘴漂亮。"文亮也纳闷:"他老盯着我媳妇干嘛呀?!"当顺口又说出"哪里,哪里"时,这个外国人一指他媳妇"三围"刚要夸还没张嘴时,文亮马上一指这个外国人的夫人,说:"我看她更漂亮,她的乳房最漂亮。"都明白啦。这个"找乐儿",让在场的人都捂着肚子直不起腰了。

从那以后,这个外国人再见到魏文亮就说:"我媳妇乳房漂亮,你看上啦!"

您看,这"找乐儿",还真能交朋友!

203

嘛叫天津『爷们儿』

嘛叫天津"爷们儿"

——话说天津民间微雕艺术家李岳林

天津人，嘛事都得争个先儿，叫个绝。别人不会的，咱行；咱干的活儿，别人干不了。这是九河下梢、五方杂处的天津码头固有的文化传统。豪爽、仗义、为朋友两肋插刀，倘若身怀绝技的人再具备如此风格骨气，那绝对算得正宗的天津纯爷们儿。你，想在天津卫站住脚吗？你就得有别人比不了你的绝技、绝活儿，关键时刻"露两手儿"、"来两下子"、"显摆显摆"，同时，还得侠肝义胆，让同行们"服"。

李岳林，就是这样一位典型的天津爷们儿。他虽然出生在新中国成立后的 1951 年，但天津卫古往今来的争强好胜的码头文化深深浸入了他的骨髓和血液。十四五岁时他敢凭自己的木工手艺"叫板"八级工；不惑之年的他，勇解红楼木雕微缩景观之谜，"震"了中国的古建筑界。他是一位个体民间艺人，但从未把自己作为社会非主流。"是爷们儿，不论在哪儿都得像个样儿"，这是他常说的一句话。在社会公益事业、汶川地震等捐款活动中主动数次捐款，他多次被评为天津市和全国"德艺双馨"民间艺术家。不久前，他又作为民间艺术门类中的唯一代表被天津市政协授予教科文卫委员会的特聘委员。在已年过半百的今天，他以更高的道德情操和微雕技艺，向着新的、超越自己的高峰攀登。

没两下子就别叫爷们儿

字画鉴定界有"看半尺"的传说，即赞赏某位鉴定大师鉴定字画时打开半尺便能知晓真假，而李岳林鉴定木料的新与老，可以不用眼看，只需经手一摸便知。有人取两块木料，一块是新的，一块是老的，而且把老木料表面的"包浆"及所有表皮用刨子刨过，同时交给把眼蒙住的李岳林。他用手一搓一捻就知道哪块是新料哪块是老料。而且还能说出这块老料的年代及产地。

前几年，我购得一喜爱的木框架的工艺插屏，很想知道其木料材质。在文化部门工作40余年的我，自以为人脉尚可，请鉴定专家鉴定木料是易如反掌的事儿。不料请了多位专家，包括高级木工，可谁都难下定论，只能告诉我"可能""大概"或"我个人认为"之类的言辞，这种模棱两可的情况，使我更加好奇。前不久，我便请李岳林过来"掌眼"。他一看一摸便告诉我，现在很难有人能鉴别这种木料啦。这是楠木中极稀少的一种，产地特别，生长环境、生成期及生长朝向特殊，早已绝迹。即便在当年的环境下，也很少有

人用此种木料做家具……他的侃侃而谈俨然翻开了此种木料的字典。原先还保持着几分矜持的我，对他的点评早已"点头称是"，佩服得五体投地了。

在经年累月的艺术创作中，他能将"新活儿"做成"老活儿"。行内人都知道，老活儿的工艺高手能仿，然而，自然形成的岁月沧桑感和特有的"包浆"则是仿不出来的。但李岳林经过多年的摸索实践，就能破解类似的许多难题。

前几年，在天津市文联举办的中华（天津）民间艺术博览会上，来了一位在全国颇有影响的精于用木料做鸟笼的艺

术家，他的作品，工艺精巧，造型别致，来自全国各地的重金购买者只能预约登记，难购现货。即便如此，该工艺却有一道难题无法解决，即"过桥（木条儿）"在榫眼中时间一长常有松动现象，即便是木条粗到用外力顶进榫眼儿中，短时尚可，时日稍长也难免松动。像这样的高档艺术品，又不能使用万能胶和化学黏合剂，怎么办呢？这位艺术家放下"身段"，找到同在博览会上的李岳林请教。李岳林马上表现出天津爷们儿的豪爽，说："没嘛！我一句话就能解决你多年不能解决的难题儿。""真的？"艺术家喜出望外。"告诉你，回去把加粗的条子放在冰柜里冻，将榫眼那头放在太阳底下暴晒，然后一按就行了。"求教者顿开茅塞，这热胀冷缩的道理一试，绝了！即便是鸟笼子坏了，"过桥"在榫眼中也不会松动。难题破解之后，李岳林谢绝了这位艺术家的多次宴请，挂在他嘴边上的，就是一句地道的天津话："谢嘛？！这（介）事儿没嘛儿！"

是爷们儿就要能闯"坎儿"

要想有绝活，就得不怕"坎儿"、能闯"坎儿"。刚上中学的李岳林，赶上了"文革"，他因家庭出身不好，被清除出红卫兵组织，他不气馁，不消沉，立志要比别人强。学木工，学美术，吹、拉、弹、唱，四处搜寻练绝活儿、学绝技的机会。一次，他发现在南开区的一片空地上，堆着数不尽的被"抄家"和"破四旧"运来的各式各样的家具。而看守家具的一位白姓老人眼力过人，不论是什么木料，只要看一眼摸一下就能准确说出木料的材质、产地、年代，自称"没有不认识的木头"，也从没有人难倒过他。一连几日，李岳林迷恋于此，想拜老人为师，可老人一脸的不屑，坚决不收。也难说，在动乱年月，能有几个想真心学技术的呢？怎么办？绞尽脑汁想学绝技的李岳林，跟"白老头""叫板儿"了，说："我要拿两块木头来，你不认识，叫不出名儿，你就得收我。"老人哈哈一乐："天底下的木头，没有我叫不出名儿的。宝贝儿，我从不收徒弟，你要是真难住了我，我就收你。"争强好胜的李岳林，在邻居家借了一辆破自行车连夜就奔向农村了，往返几十里崎岖的乡间小道。他不知道什么是苦，什么是累，左寻右找，觅得一棵粗壮、特殊的茄子秆，一棵粗壮的

棉花秆,锯成一尺多长,再用刨子刨得四四方方,然后打上一点儿蜡,就去找白大爷了。这白大爷拿过这两块"木料"看了又看,掂了又掂,愣没看出名堂来。便说:"栽了!看不出来,你就告诉我吧!"李岳林更加佩服老人的为人了,说:"这不是木料,一个是茄子秆,一个是棉花秆……"哈哈大笑的老人说:"行!小爷们儿,我收你了!"

几年后,凭着天津爷们儿的一股拼劲和师傅的指点,李岳林能制作各式家具、看图、下料、做木型。具备一定的功底和本领后,他丝毫没有停步的念头。听说北站外有一做木型的工厂,聚集了诸多的能工巧匠,初生牛犊不怕虎,他要去"打擂"。一进门,人家看到一脸稚气的他,便说:"我们不招工,也不收学徒。"李岳林说:"我不学徒,但可以教徒;我不应招,而要接招,同时还要赚钱,你们八级工的活我能干。"人家一听,便给他一摞图纸,李岳林说得通,道得明,让他试试手,技惊四座。说起来,他的活虽然赶不上八级工,但这个年龄能有这样的手艺,已经让老师傅们喜爱上这个小伙子了。领班的立即掏出两块钱说:"你留下来,这是你干完的那件活的工钱。"李岳林说:"我赚钱,是为了买书、买画提高自己,我没钱但也不爱钱,我收一元,另一元钱请师傅们抽包烟,也算我的见面礼了。"

李岳林的微雕作品

赚钱、买书、购画,他胸中又有新的目标了。他要考美术学院,成绩在当年的考生中名列第二,可是他又遇到了"坎儿",家庭出身不好,政审不合格,不能进高等学府。

在挫折面前,他"出人头地"的愿望更强了。他被电影《红楼梦》中的大观园景观迷住了,立志要探索中国古建筑历经千年而巍然立世之奥秘。要实现这个梦想,必须有雄厚的实力,他下海经商了,奇迹诞生了。对他的惊人之作媒体有过报道:用了7年的时间,以二十五分之一的比例制作《红楼梦》中所描写的大观园。用了3立方米的高等红木,设计楼台亭阁70余座,近百万件的木制立柱、窗棂、飞檐、翘脊、斗拱、瓦片,不用一颗钉子,完全用榫眼连接。一个成年人站在上边纹丝不动。他解开了我国古建筑历经千年风雨而坚不可摧的神奇之谜。但至今鲜有人知,为取得这个成功,李岳林越过了多少"坎儿"。

先说弃富守贫"坎儿"。不仅放弃经商,还得搭进所有的老本儿,自掏腰包雇了7个高工当助手,钱花光了,洗去浮华,卖掉轿车,多少人劝他"收兵"啊!包括中国建筑协会会长杨洪勋先生都劝他说:"全国有6个城市的建筑教授分别带领学生攻关全失败了。而且没有数百万元的投入不可能试验。"可李岳林听后不但没灰心丧气,反倒更兴奋了,他要越过这个"坎儿"。费用不够,卖掉自己最心爱的一幅石涛的画。很多专家告诉他,此画升值潜力巨大,不能卖。他毅然割爱,当时人家只给了40余万元,要是现在起码能值几百万元,甚至上千万元。

整整7年心无旁骛地拼在车间里,几乎与世隔绝,抢时间,睡在机器旁,吃方便面,经常是每天只睡三四个小时的觉。

这难道不是真爷们儿吗?!

能让后人夸你才叫爷们儿

李岳林火了!历史上,天津民间艺术有"老三绝",即泥人张、风筝魏、刻砖刘(后有杨柳青年画一说)。当代呢,经过天津市文联组织国内权威专家评定,李岳林的微雕和尔宝瑞的蜡像、王玓的面人,被认定为天津"新三绝"。

联合国教科文民间艺术组织授予他"民间工艺大师"称号。面对鲜花、掌声和荣誉,他没有显出兴奋,而是说:"是爷们儿就别看眼前的荣誉,真能耐,得让后人能记住你、夸你。让后人夸,就要永远看到前面有制高点,攀登艺术高峰就和打仗一样,不抢占制高点就要打败仗,所以要不懈地去拼。"他是这么说的,也是这么做的。红楼微缩景观完成之后,他一刻也未停歇,又创作了1:16的《明清一条街》,而且又有诸多新的突破。街景中的近百个人物,他没有像红楼微缩景观那样选用面塑、泥塑,而是一律采用木雕;楼台亭阁及花脊、龙吻、飞檐、斗拱、盖瓦、垂花、梁柱和能开合的门窗,处处细节,技精艺绝;街景道路的砖石,选用同年代的石材制作,布店、鞋店、戏园子、照相馆、卖糖堆儿的、卖切糕的、拉大锯的、赶马车的,"盛锡福"、"同仁堂"等老字号均活灵活现。李岳林工艺又登上一个新的高度。

众所周知,我国民间艺术家的展品参加国内重大博览会是要交费的,而应邀享受免费展示的寥寥无几。而独有李岳林的展品在国内应邀展示,是绝无仅有的包吃包住,还得付他高昂的出场费。

在这个高峰上,他又发现一路上光顾了攀爬,只看见眼前脚下了,全然没有想到天外有天。这个"眼前脚下"就是天津、中国,而没有高瞻远瞩地站在世界文化发展的前沿。在这个前沿,他真切地感觉到世界文化对本土文化、现代文化对传统文化的挑战,既要不局限旧有的传统、固守单纯的技巧规范,还要突出地强调人类健康向上的精神作用,鲜明的个体气质以及对艺术多样化的探求和对现实生活强烈的人文关怀。

尤其是前不久,国务院颁布了《文化产业振兴规划》,作为继钢铁、汽车等产业之后以国务院名义发布的产业振兴规划,意味着中国的文化产业已经正式迈向我国改革开放、现代化建设的前沿。

李岳林这位天津爷们儿,让我们欣喜地看到,具备崭新的艺术理念和丰富精神内涵的他,在新的机遇面前又接受了更大的挑战。遵照中国社科院考古研究所和中国古建筑协会的嘱托,已近花甲之年的李岳林,要再用几年时间攀登另一个高峰:将唐代大明宫含元殿复原制成微缩景观。天津的爷们儿,要创造一个含有多项突破和高科技含量的繁荣昌盛、建筑奇绝的盛唐景象。

嘛叫天津人的「板眼」

嘛叫天津人的"板眼"

——话说快板书表演艺术家张志宽

天津人办事讲板,做人够板,铸就了这个城市刚毅豪爽的民风。讲板讲眼是和这个城市的历史特征相关的,五方杂处的人际关系,你买我卖的商品行为,在"公理"与"强权"的抗争中,人们追求办事做人的规规矩矩。对不按规矩办事的人,天津人便指责其不够板。言必信,行必果,大老爷们儿,讲究的是说话"撂地砸坑儿"。不怕硬的、不尿横的,服理不服力。而面对不够板的人,天津人虽然嗤之以鼻,却又十分大度,绝不会得理不饶人。那些不讲板眼的人无论和你僵持得多么厉害、持久、难堪,只要说声"我服了"!不管长辈、平辈、晚辈、同事、下属,都能戛然而止,破涕为笑,就好像一切从未发生过一样。这种处理人际关系的"讲板讲眼",透着天津人的规矩、风气、豪气和凛然正气。

今年已65岁的张志宽,是咱天津土生土长的快板书表演艺术家。天津的观众喜欢他,他的表演风格平、爆、脆、美,声情并茂,大气磅礴,恢弘壮阔。刻画人物准确、细腻。代表曲目有《孙悟空三打白骨精》、《东方旭打擂》、《武松打虎》、《劫刑车》及长篇快板书《武林志》等,是曲艺界公认的"李派"快板书优秀继承人。他在台上的艺术成就,是我们天津曲艺界的骄傲,在台下的为人、性格,也鲜明地体现着天津人固有的特点。日前,在天津市文联为其筹备从艺五十周年庆贺活动之际,人们评论最多的,除了赞扬他系统、全面、完整地继承了李润杰的快板书艺术之外,还都普遍地夸他做人办事讲板讲眼。

人们都夸他够板

　　张志宽在 1960 年 11 月，即 15 岁时，师从李润杰学艺，那年师父 43 岁，已经是红遍全国的快板书大王啦！当年，在李润杰等老一辈艺术家的影响下，快板书已深深扎根于群众之中，几乎街头巷尾处处能闻竹板声。但李润杰身边还没有弟子，毫不保守的他，决心要选一名"好苗子"来接自己的班。经过认真筛选，他相中了一脸稚气且招人喜爱的张志宽。师父授业呕心沥血，讲板讲眼，既悉心传艺，又精心育人。尤其使张志宽忘不了的是，他的演唱刚刚起步不久，师父就将自己精心创作的《夜袭金门岛》让他首先搬上舞台，这种艺德是非常难能可贵的。因为全国诸多媒体、唱片社都在争先恐后等着录制师父的新节目。这种名利双收的事，师父宁可放弃，也要推举自己的弟子。而刚刚学艺一年的张志宽，就凭着这段节目，获得了"天津市青少

年基本功汇报演出"一等奖。张志宽的成绩，师父看着从心里高兴。为了进一步将这颗幼苗育好，师父在艺术高峰期又舍掉自己独立演出的机会，量体裁衣，创作对口快板《立井架》，并亲自带着徒弟演唱。而且，凡是自己创作的或是改编传统的节目，都一一传授给弟子。但人有旦夕祸福，本来还能在舞台上演唱的师父，在 1985 年突患脑血栓躺倒在床上。张志宽跑医跑药，不知偷着哭了多少回。师父的命保住了，但从此落个半身瘫痪。志宽像照顾亲爹一样照顾师父，家中的大事小情师父都让徒弟做主。师父不幸于 1990 年病故，发送完师父后，志宽主动承担起赡养师母的责任。师母没有工作，志宽按月给师母送去生

活费。虽然师母身边有四个子女，还有姑爷，但志宽认为他要像师父那样，做人要够板，这个担子就得自己挑。别人给钱不给钱他不管，他的钱按月按时准到。有时自己在外地演出，他也要给爱人去电话："明天给咱娘送钱去！"爱人也很支持他，每次都会告诉他："已经提前送去了，老娘挺好的，放心吧！"有时志宽接到师母身边孩子的电话："哥，咱妈住院了。""哦！我马上到！"每一回都是志宽抢着交押金，结住院费。"你们都不富裕，这事我来，我有时演出不能常在身边，你们把咱娘照顾好就行啦！"

够板！他除了赡养自己的师母外，同时还赡养着白全福的老伴。师父在志宽学徒时，告诉他除了学快板书之外，还要学相声，相声由白全福教。志宽也从不忘白全福的师恩，他常与人提起自己15岁第一次上台说相声时的情景，白全福要亲自为他"捧哏"，表演《报菜名》。当时他太紧张啦，后台是马三立、常连安、郭荣起、常宝霆等"大蔓儿"，而且天津观众的眼里不揉沙子。怎么办呢？白全福已经看出他的紧张表情了，心想，坏了！这一上去准砸。您别看白全福没什么文化，但办法是真绝。他只对张志宽说了一句话，就把他的情绪稳定住了。这在当时，就是再高明的思想政治工作者都没法比。他说："小子！你上了台就是爹，下了台就是儿子。"意思是说，一个演员上了台，就要目中无人，甭管后台有什么"蔓儿"，你是"爹"，你想怎么演就怎么演，演的不对也没关系。下台当儿子，甭管大辈、小辈甚至是观众，你都要虚心，别人才能帮你，你才能学到东西。这句话志宽终生受益。白全福于1993年仙逝，他也把白全福的老伴当亲娘赡养。

"王派"快板创始人王凤山，晚年给马三立"捧哏"，他在1992年去世后，志宽认为自己的快板书艺术也学习了许多"王派"的精华，王凤山的老伴也应是自己的师母，自己也要尽赡养之责。但王凤山的老伴不好意思收他的钱，怎么办呢？他想了一个办法，师母有做竹板的手艺。于是，他便以高价定制竹板的办法，一次就留下2500元钱。这个数在当时也是很可观的。而师母做的竹板，他基本上都送给同行了。

他自己说要讲板

讲板，是在够板的基础上又升了一个层次，具有言传身教之意。他认为

自己够板还不够，要讲板。新时代的天津人，讲板也要赋予其时代精神，要紧随时代的板眼。所以，讲板不能只停留在知恩图报、孝敬长者的层次上，要有使命感，责任意识。板眼要跟上时代的节奏，要为"曲艺之乡"的美誉增光添色作出贡献。

他在担任天津市曲协副主席、秘书长期间，首先在守土有责的作为上讲板，制定了《为老艺术家服务公约》，他要把党的温暖、组织的关怀，通过自己的努力送到天津曲艺界每一位艺术家身上。经费不足，自己筹措。每年最少搞一次天津曲艺界的集体团拜问候，谁有困难他就帮谁。有的老艺术家住院了，他一定要看望并过问治疗的需要，有的医药费支出遇到难处，他及时把钱送去。有的艺术家子女就业、孙子入托、孩子上学，甚至两口子打架，为自己百年之后购买墓地等等纷繁之事，只要找到他，没有不帮忙的，而且绝不走板。天津老曲艺艺术家比较多，他们的从艺纪念与庆贺活动他都千方百计地跑赞助，筹备研讨会，组织演出。张寿臣、白全福、王毓宝、苏文茂、魏文亮，甚至比自己辈分小的中青年演员搞专场、出书、出音像带他都倾力相帮。

除此之外，他还经常思考着如何将天津众多曲艺家的传略留给后人，这

是"曲艺之乡"珍贵的历史啊。这又是一个浩大的工程，费时、费力、没有经费。但这件事做得越晚，资料越难搜集，留下的遗憾会越多。于是他筹集经费，组织得力人员编辑出版了《天津当代曲艺人物志》，天津曲艺界数百人的生平、荣誉称号、师承、代表曲目、艺术特点，全都珍贵地留了下来。

尤其是他一直念念不忘，要对得起师父，就要将师父的快板书表演和创作成果进一步弘扬，能出更多的张志宽，甚至是超越自己的快板艺术家。从哪入手呢？前几年他倾尽心血做了两件大事。一件是融汇师父毕生心血的快板书表演的理论著作，在师父生前没能出版，而且手稿也不知下落了。这本书对快板书的继承、发展，对指导演员学习、提高的重要性是难以估量的。对此，志宽费尽心血和周折，终于找到了这部书稿。找到后，有人劝他："这本书出版社不赚钱不给出，你就先留下吧。"他坚定地说："做人要讲板，这是曲艺界共同的财富，我个人筹措经费也要出。"在他的努力下，李润杰80周年诞辰之日，该书终于问世了。为了扩大该书的影响，他还搞了一次声势浩大的李润杰诞辰80周年纪念活动，即邀请名家开研讨会，搞首发式，请"鼓词圣手"朱学颖编写颂扬李润杰的鼓曲联唱《大树常青》，为李润杰立塑像，率师弟及弟子向师父塑像叩拜，以示永久弘扬"李派"快板书艺术。

第二件事，是自筹经费搞了两次具有现实影响和深远意义的全国快板大赛，从专业到业余，从部队到地方，不分流派，广泛发动，精心组织，张志宽耗尽了心血。每次大赛都有数百段作品参赛，一大批精品涌现。出书、出光盘，奖掖人才，对繁荣、振兴全国的快板艺术起到了积极的推动作用。当时，有人看见他为大赛受累、着急、掉了好几斤肉，曾心疼地劝他说："你要是用这些自筹来的经费打造自己，会给你今后带来多少效益啊？"他回答的还是那句既朴实又掷地有声的话："快板界推选我为全国快板艺委会主任，我不能徒有虚名，为人做事要讲板。"

退休也要讲板讲眼

志宽退休了，但更讲板眼了。为什么呢？他心里的压力越来越大了。我们常听他念叨，快板书的创作与人才的涌现还不尽如人意，各地的重要晚

会看不见快板书表演了,听不见质量上乘有板有眼的快板书了,他似乎感觉自己在职责和义务上缺板少眼了。所以他更累了,他利用现在还担任全国快板艺术委员会主任的身份,争取到主管部门——中国曲协的支持,在有条件的省市建立分会,他亲自动员、鼓劲、示范、表演。曲艺界普遍认为,天津已举办两届全国快板大赛,对振兴快板艺术大有益处,他便表示,还要持之以恒、有板有眼地举办第三届全国快板大赛,所需经费,仍然由他自行筹措。

退休了,有时间啦!凡喜欢快板艺术的,不管年龄大小,基础如何,他都亲自示范、讲课、悉心传艺。现在,他正式的弟子有 33 名,对待这些入门的徒弟,他绝不允许他们只为叩门而徒有虚名。像已在中国享有"大蔓儿"声誉的加拿大人大山、在美国旧金山华人电台的播音主持江南、北京市曲艺团的王文长、北方曲校大专班任教的张楠等他对他们要求得甚是严厉。有一次,我曾见其大弟子王文长携妻到天津观摩一赛事,志宽非要考察徒弟进步与否。文长已年近六十,又是北京市曲艺团的台柱子演员,其妻也在身边,当唱得志宽不满意时,他连示范带讲解教了数小时,其徒因旅途劳累稍一走神,便遭到他严厉的训斥。他是真着急,他要将为师的责任做得有板有眼。而对未叩门的快板书演唱者他耐心极强,现在经他辅导的演员已不下数百人次。他授业有一条规矩:不收一分钱费用,对于慕名到家找他的,来自偏远地区生活困难的,他还要管饭、赠书、赠光盘。他说:"唱快板书讲究有板有眼,做人也一样,永远不能无板无眼。我的艺术是属于人民的,我要把艺术有板有眼地传下去。"他除了教学之外,津京一带的义演,社会公益活动,几乎都留下了他的身影。他参加中国文联、中国曲协的"送欢笑下基层"活动,经常主动去贫困户家中、哨所、炊事班,即便是为一个人演出,他也尽心竭力。所以,每次活动受到嘉奖和表彰的都少不了他。

2010 年是他从艺五十周年,他要给观众献上集毕生心血的全套演唱录像带和一本谈艺文集。现在筹备工作也正在有板有眼地进行着。我们相信,今后志宽会做得更加有板有眼。

嘛叫天津人的

『豁得出去』

嘛叫天津人的"豁得出去"

——话说青年书法家张建会

　　天津人爱说"咱今儿豁了","豁个儿了","豁得出去"等等。其含义,在普通话中有"拼了"的意思,但绝无贬义。可是在近几年的影视剧中,出现了令人厌恶的现象。就是常把天津人的豁得出去,与历史上的"混混儿"相提并论。正面人物没有一位是说天津方言的天津人,而什么地痞、流氓、无赖、反面人物一口天津话,真是气得人肝儿疼。毋庸讳言,天津旧社会的"混混儿",确有区别于"混星子"、"瘪三儿"、"袍哥"之类的江湖特色。天津"混混儿",一条胳膊伸进油锅里"炸麻花"面无俱色;刀棍加身不皱眉头,为的是让人"挑大拇哥"说句"好爷们儿"。对这样的豁得出去,是一种以偏概全的曲解。在天津卫,豁得出去是和豪爽、仗义、骨气、气节相联系的。豁得出去,首先要具备本事,同时也是有着鲜明的价值标准和特定原则的。这种性格上的特点,在各行各业都屡见不鲜。即便是那些手无缚鸡之力的文人墨客,也常见能豁得出去的君子。今天,我是说书法界之事,就仅举书坛一例。当年,我津门的华世奎华七爷,是大清王朝唯一一位因书法写得好,而御赐内阁中书之职的。他铁骨铮铮,豁得出荣华富贵,托病辞官,来津以卖字为生。为我们留下"劝业场""正兴德"等传世匾额。他面对日本人的引诱,掷地有声地一句"咱豁得出去,不给添那个彩儿",而坚拒伪满封他的官位。今日津门书坛,一位"毛头小子"张建会,也颇有天津人豁得出去的遗风。同时,也是一个在学本事,在践行人生价值,在重情重义上,全都能豁得出去的典型的天津汉子。

学本事就必须豁得出去

天津人常说这样一句话："想豁得出去，就得有豁得出去的本事。"就是说想跟人家比试，你自己得先有两下子。这可不是打架斗殴，是亮手艺，比绝活儿。这种争强好胜的民风，已经年累月地浸入到平民百姓之中。

在书法界，谁有本事呢？我可以说，在全国中青年书法家中，张建会是入选全国大展次数、获得正规专业奖项最多的佼佼者。

当今，在华夏书坛只有中国书法家协会所举办的展览，才能称为书法专业规格最高，评选最严格，也最具权威的专业性展览，俗称国展。各省市也都以入选作品多寡而评定书法人才队伍的优劣。入选国展两次，才有资格申请加入中国书协。一旦成为中国书协会员，就可以认定为国家级书法家。而今年刚刚进入 50 岁的张建会，入选国家大展就已达 30 余次；获得的奖项

数不胜数，被书坛誉为"得奖专业户"。

张建会 27 岁时，作品首次入选1987 年举办的第三届全国书法大展。如此年龄入选国展，津门至今无人打破记录。在当时，也实现了天津 30 岁以下书法家无人入选国展的零突破。从 1992 年开始，他又连续 8 届入选国展。1995 年还成为天津市在第六届全国书法展中唯一的获奖者。时任中国书协副主席、评委会主任的刘艺先生在《书法报》评价说："隶书作品字形较大的居多，显现出隶书大字的气势可观，使人有耳目一新之感。首次获全国奖的天津张建会的隶书四字联，其厚重的笔触和方整的造型，算得上是相当壮观。"在全国第六届书法展

的获奖者中,刘先生唯独赞赏了津门张建会,可见其作品在书展中的重要位置。

除此还有什么第二届、第三届全国正书大展,第四届全国楹联书法作品大展"优秀奖"(最高奖),当代中青年60家书法创作学术提名,首届全国书法"翁同龢书法奖",第三届中国(天津)书法艺术节"书法十杰"等等。2009年作为当代隶书代表性书家,被权威书法报刊《书法报》推选为当代隶书十家之一。

许多书坛新设立的奖项,也总是他首先装入囊中。像1986年获天津市首届"文艺新人奖",1990年被评选为天津市首届文艺新星,2000年被评选为中国书协首届全国"德艺双馨"会员,中共天津市委宣传部首批"五个一批"人才工程专项受资助者。

他得的奖太多了。近年他不投稿了,也不给他奖了。为什么呢?因他被聘为中国书协评审委员会评委,而为保证评审的公正,所有评委的作品均不参评。他先后担任第九届全国书法篆刻作品展、首届全国青年书法篆刻作品展、首届全国册页书法作品展、第二届全国隶书作品展和第二届全国扇面书法展等全国性书法大展的评审工作。

豁得出去,就得有在各种场合都敢与人较量的本事。如2008年,浙江省要在"书圣"王羲之写下千古绝篇《兰亭序》之地,同中国书协共同举办首届中国书坛兰亭雅集42人展。投资一千万元,在历届全国书法展获奖作者中推选200人,然后选出42位顶尖书法家仿照东晋前贤,参加在绍兴会稽山举行的兰亭雅集活动。被选中者"大洋"丰厚,还量体裁衣为每位书家制作了高档雅集服装。特别是在评选方法上,也别出心裁史无前例,每个省和直辖市只选一名书法家,余下名额给部队系统和海外书家。所推人选不论年龄、职位、资历,既不搞专家认定,也不由各省市推荐,一律经全国书坛网上推选。也就是说全国范围内的书法家,服谁就选谁。来自全国各地的选票铺天盖地,最后天津得票最多者又是张建会,而且在42人的得票排名中,位居前十名。

他的本事是怎么练出来的呢?"学本事就一定豁得出去!"这是他从小学书法立下的志向。别的孩子都去玩了,他就是练字。家中条件差,那时他

最大的奢望就是能有一张练字的书桌。买不起啊,全家住房面积仅8平方米!他就趴在炕沿上写,膝盖磨破了,眼睛熬红了,仍是每日苦练。父亲心疼儿子,就拣了一块旧木板,锯成长方形放在家里唯一的一张床上当写字台。有限的零花钱只能买廉价的毛笔和墨汁,买不起宣纸,就四处寻找废报纸、包装纸。早点舍不得吃,存钱买字帖。当时2角8分钱才能买一张宣纸,为了这张纸,他瞒着母亲几天没吃早点,买来一张。在这张纸上写字,您知道他的心理压力有多大?构思多久才敢下笔吗?张建会初出茅庐,经过层层考试筛选,考进了天津市少年宫首期少年书法班、天津市青年宫首期青年书法班。先后师从宁书纶、孙伯翔、顾志新等先生。一年四季,他不停歇地奔波于书法课堂、学校和自己的家。舍不得坐公共汽车,炎热的夏天走得口干舌燥而从未奢望买一颗冰棍。参加工作后,他进入了公安战线,但他学习书法的志向并没有受职业的影响。收入不高,但买字帖他豁得出去,《圣教序》、《史晨前后碑》、《礼器碑》、《张迁碑》、《嵩高灵庙》、《书谱》等十几部经典法帖都是靠节衣缩食勒紧腰带买下的。1986年5月,《中国书法大辞典》出版了,他求知若渴,刚发下工资,就花了48元钱购买了此书。欣喜之余才想到,一个月的工资仅剩下几元钱,已经娶妻生子了,回家怎么交待呢?在那个年代夫妇二人的工资,仅能维持三口之家的日常生活。没办法,那个月他只能向亲戚朋友借钱度日。

学本事,除了豁得出工夫之外,还要豁得出名利。他进入公安战线后不久,又以"好苗子"被调入市公安局团委。时间不长,一批批好友就都得到提拔了,可他却三番五次要求不当官。岁数大了,不能留在团委了,他又主动申请去警校当教员。人家说建会写字写出毛病了,职务和收入是挂钩的。当时还没形成书画市场,他为嘛抛弃仕途升迁,只想有时间练字呢?神经啦?天津市有几位书法家能靠写字卖钱的呢?后来他的许多同事,工资、职位都远远超过他了。他仍乐此不疲地陶醉在练字中,而且还对领导千恩万谢。2005年天津市文联拟将他调入天津书法家协会,当时我们唯一一个顾虑是,公安战线比地方事业单位工资高,调动后要脱警服,工资待遇也得降。市公安局当时也不愿意放。他却使出浑身解数,办成了为自己降待遇的调动。很多人都不理解,他却如愿以偿地说:"为写字,我什么都豁得出去。"

豁得出去的价值

天津人豁得出去,是有着明确价值标准的。怎么表述呢? 通常都会用一句"值吗?"也就是有价值吗? 没什么价值或价值不大的事,就失去豁出去的意义了。

张建会豁得出去,可不仅仅是表现在他为一己之长的本事上。他有着明确的社会价值标准。天津市承办了三届中国(天津)书法艺术节,两届中华(天津)民间艺术精品博览会。他当时在公安学校任教,但每次都主动来当志愿者。每次活动至少半年,自始至终乐此不疲。在志愿者岗位,干的是什么工作呢? 不论你名气多大,每天都得跟着拆信封,登记作品,一两万件来稿,累得抬不起头。还要发函回复、跑邮局、忙装裱、接电话、搞接待、看展位、校样书。没有节假日,早来晚去,没有一分钱补贴,还得无偿捐赠作品拉赞助。他是"拼命三郎",豁得出去。在首届中国(天津)书法艺术节中,作品集需要赶时间出版,但印刷前必须呈中国书协审看样书。当天他发着高烧,几乎水米未进,大家劝他换个人去北京吧。他坚决不肯,说:"别人也累得够呛,有的也上岁数了。我熟,别耽误事,还是我去吧。"到了北京,审看样书的负责人在外参加活动,他又追到那个酒店等候。当见到审稿的同志后,他便提出:"时间太紧,为了保证开幕式前见到作品集,希望你立即审看,我坐等。"中国书协的领导看到他疲惫、憔悴的样子,感动不已,就在酒店大厅将书稿审完。然后他连夜赶回天津,第二天一早送往印刷厂。在第二届书法节时,又是关键时刻,单位通知他参加职称外语考式。晋升职称,这涉及他的切身利益,工资待遇。而且为了这次职称晋升,他已作了充分准备。又因此前他已经让出一次机会了,所以,单位这次决意将指标给他。可他正在北京与中国书协核定作品,又悄悄地放弃了。后来当知情人问他时,他说:"书法节的事多大呀,我那个就是长俩钱,以后再说吧。"他可真是豁得出去,一个志愿者,没有责任,没有补贴,无名无利。尤其是他为了有时间练字,豁得出官职,可为什么偏偏又把时间放到奉献的事情上呢? 他说:"为人处事不仅要体现在自己的本事上,还要在践行社会价值上豁得出去。我牺牲个

人利益，为的是天津能成功承办中国书法节的荣誉，为的是天津书法界在全国同仁面前的形象，为的是不能让人看不起咱天津人，为的是我所热爱的、甘于献身的事业。"

　　时刻认识自己的不足，才能豁得出去。他调入书协并主持日常工作以来，写字的时间倒比原先更少了。尤其是近年，他高标准地培育书法后备队伍，可说费尽心力。历史上天津的书法，有多次高潮和群体优势，谁也无法和天津抗衡。如康熙二年，朝廷修纂世祖实录，在全国选书法第一人。津门励杜讷力排众雄独占鳌头，并与廷仪、宗万等形成群体优势，今日北京西山各古刹尽可看到他们的墨迹；乾、嘉时期，以乔耿甫、金铨、郑野圃、金世雄等人的名气显赫盛世；清末民初以华世奎、孟广慧、严修、赵元礼四大书家引领潮头；之后，又有吴玉如、王学仲、孙其峰、王颂馀等傲立书坛。而今后续人才还未形成整体优势。他为此睡不着觉，不豁出去能行吗？他的足迹遍布塘沽、汉沽、北辰、宝坻、武清、静海及市内六区，频频出招儿，立志为津门书法之大发展、大繁荣豁命也要抓上去。

豁得出去的原则

天津人豁得出去,还有一条重要原则,就是有情有义,怎么表述呢?叫"够板",在情和义上要有板有眼。

时下,常见为了赚钱而能豁得出去的人,而张建会却对金钱表现得很麻木。有了名气,笔会邀请应接不暇。谁也想不到,他对外宣布了一条原则,所有笔会一律不参加。有人说他有病,半天笔会写不了几张字,来钱可观。也有人说他摆架子,谁请也不去。而实际情况又如何呢?他也需要钱,生活很简朴,稍有余款就买喜爱的书。可他认为,赚钱影响他的工作和学习写字,练字的时间怎能让金钱迷眼呢?!

但是,在情和义面前他可豁得出去,如抗击"非典"期间,许多人唯恐躲之不及,而他真是豁个儿了。不顾危险多次深入第一线慰问医护人员,现场写书法,创作讴歌医护人员的诗词。为抗击"非典",市文联组织创作、出版的国内第一部诗集是在一周之内问世的,其中就收录了他的作品。而且,他还在"义卖"捐赠中,献出了自己的 10 幅书法精品。

各种社会公益活动,汶川地震,助残扶困,深入企业、农村慰问,每年春节"送书法进万家",下乡送春联、写福字,捐助经济困难书法家治病住院,资助甘肃贫困学生完成学业……他都能豁得出时间。而且绝不以应酬之作敷衍,豁得出自己精心创作的最得意的精品。

无论是辈分高的老师,还是书界朋友筹办展览,他都豁得出时间、豁得出心血去做具体的跑前忙后的事务性工作。如王学仲、孙其峰、孙伯翔、陈连羲、范润华、况瑞峰、陈启智、田蕴章、杨锡增等诸多书法家的个展,都能看到张建会以普通工作人员的身份忙碌着。

1998 年 7 月的一天,他突感腹痛难忍,大夫看了 X 光片说,可能是胰腺长了东西,挤得肝脏异位。啊!他当然知道长了东西指的是什么,这让他震惊。赶忙又去另一家医院,大夫也劝他立即手术。这时,他接到孙其峰先生的电话,邀请他出席其在山东的作品展览和研讨会。而且告诉他,向天津书法界只约了他一位。怎么办呢?他忘不了,1987 年,孙老在一次展览上看

229

到自己的作品后给予的鼓励。从此,常被叫到孙府耳提面命,从作书,到做人,使自己的水平迅速得到提高。这种情义怎么能忘呢?豁出去了,他对孙老隐瞒了病情,买了些止疼药上了飞机。

"孙其峰书画研讨会"名家如云,他是小字辈。但孙先生的关照无时不在,无论在会场,在客厅,在饭桌,孙老向每一位客人介绍:"这是天津书法家张建会!我的学生,字写得好啊,路子很正……"

但张建会在忙活会务时,和人"打"起来了。原来是他发现新闻稿中,把自己的名字列入了孙其峰弟子名单中。他当然知道,能成为孙先生的弟子,是一般人求之不得的资格,也是一种耀眼的身份。换了某些人,肯定偷着乐去了。而且书法界师承关系也不像曲艺、戏剧界这么严格。但建会诚惶诚恐,他不是蝇营狗苟的人。他重原则,重人情,认为品德比利益更重要。他反复对撰稿人说:"自己的几位老师,都是孙其峰先生的弟子或晚辈,我只能是孙其峰学生的学生……到任何时候,我都不能跟教过我的老师把辈分搞乱了。"也确实,他的名气大了,但每年的春节都要执弟子礼去看望所有教过他的老师。撰稿人说:"连孙先生都承认你是他的弟子了,就这个机会认了吧!"他急了:"弟子,可以是再传弟子,孙先生教我,是爷爷教孙子。"人家被他这种品格感动了,把他的名字从学生中删掉。孙老知道后,更觉得教他是看准了。当晚,孙老不顾劳累把建会叫到房间说:"要学点国画,这对书法有好处……"说着便提笔给建会做画竹示范。随后又拿出两幅画,说:"这幅画的是晴竹,叶子朝上;这幅是雨竹,叶子朝下。都送给你吧。"

张建会回津后做了手术,"老天爷"也在保佑这位有情有义、豁得出去的汉子,排除了癌症。他现在又以豁得出去的精神抓人才,抓队伍,拼搏在书协的岗位上。

人,就是要有这样一股豁得出去的劲头儿,就应该像张建会那样:实践在学本事上,规范在社会价值中,成长在做人的有情有义的原则内,这才叫天津人的豁得出去。

嘛叫天津人的「份儿」

嘛叫天津人的"份儿"

——话说京剧表演艺术家孟广禄

　　天津人对艺术高超、人品高尚的艺术家，往往用一个"份儿"字来概括，说"人家有份儿"，即指这个人有超过一般人的能耐、学识和品德。这个份儿，是相对于旧社会"唱玩意儿"的俗称而诞生的。也就是说，对于德、艺都为观众所推崇的艺人，天津人绝不会叫他"玩意儿"，而是说"人家够份儿"。天津艺术家的份儿，也绝不仅仅是简单的"蔓儿"、"派头"之意。它有着自己独具特色的内涵，首先，被誉为有份儿的艺人都以自尊、自省、自节立身。自尊：既是讲自身举止、心态、气节、尊严，同时更讲究尊重同行，"给别人留饭"，"让戏"，"让台"，他们特别看重的是同行业的自尊；自省：是清醒，有一句口头语儿，叫"知道自己吃几碗干饭"。天津艺人讲究和观众称兄道弟，而且绝不论对方身份高低。像晚年的马三立、王毓宝就曾去卖水果的"李二爷"、普通市民"从四爷"家里去贺寿，因为他们认为"人家捧了我们几十年，就该去捧人家"；自节：是自我节制，讲究"见人矬辈儿"，平辈见面，也要首先喊对方"爷！"人家姓张，就是"张爷"，姓李，叫"李爷"，绝不以名人自居。如哪位臭显摆，唯恐别人不知道自己是"蔓儿"，那天津人可不买账，往往会回以"臭能耐""能耐梗"，然后拂袖而去。

　　除了自尊、自省、自节之外，有份儿的艺人，在兴趣爱好上还得文雅，就是有情、有趣儿、有味儿。今日，我津门京剧界的孟广禄，就是一位颇有这样遗风、典型有份儿的艺术家。

够份儿，让挑剔者无语

凡喜欢京剧的，有谁不知道天津有个孟广禄呢？他是当今裘派花脸的翘楚，以情饱意酣的精彩表演折服了众多戏迷观众。那么，孟广禄在京剧界占据了一个什么样的份儿呢？

得奖第一：从全国青年京剧演员电视大奖赛"最佳表演奖"和"优秀表演奖"，首届"中国京剧之星"到中国戏剧"梅花奖"、"梅兰芳金奖"、中国"金唱片奖"、两度"文华表演奖"等等，戏曲界的各项殊荣，孟广禄几乎尽纳囊中。前不久，他又获得中国戏剧的"二度梅"。"梅花奖"是中国戏剧专业的最高奖，已经获得梅花奖的演员又实现了新的飞跃，才能获得"二度梅"。

上镜率第一：仅就众所瞩目的央视春晚来说，孟广禄已经连续 10 多年登台献艺；除此还有文化部的春节戏曲晚会，中国文联在春节期间的"百花迎春"文艺晚会等等，每次都是主演。

在同龄人中他会的戏第一：除了传统戏《探阴山》、《铡美案》、《盗御马》、《除三害》、《赵氏孤儿》、《姚期》、《打銮驾》、《探皇陵》、《遇皇后》、《打龙袍》、《二进宫》、《牧虎关》、《七郎托兆》、《锁五龙》、《将相和》、《审潘洪》、《赤桑镇》、《刺王僚》等，还有新编的历史剧《铁面无私清官谱》、《曹操父子》、《袁崇焕》、《郑和下西洋》、《宰相刘罗锅》、《梅兰芳》、《铡判官》、《赤壁》等 30 余部。

从知名度上讲，我可以毫不夸张地说，他与天津历史上在全国知名的演员相比，毫不逊色。

即便如此，孟广禄绝不让人叫他

"艺术家"。他说:"'艺术家'我不敢当,我对这个称呼过敏。如果我是艺术家,那我的老师怎么叫?我只是个京剧演员。在艺术上我对自己是苛刻的,就怕在台上有对不起观众的地方。我想的更多的,是怎样在艺术上有更大的提高与发展,怎样以自己的绵薄之力更多地报答社会。"

他说的不是套话,更不是面对媒体而表现出来的"伟大谦虚"。他也在人生中践行着上述"谦虚"。

份儿是观众给的,每次演完戏后,观众都让他在谢幕后加唱。他每次也都不顾劳累,让唱什么就唱什么,让唱几段就唱几段。他忘不了,曾见一个观众提着输液瓶来听戏,这是历史上从未有过的感人场面。所以,每次谢幕时,他都把观众献给他的鲜花再转赠台下的观众。出于感动,他还发自内心地向台下施跪谢大礼。这一跪的潜台词是什么呢?他认为自己没什么了不起,是小字辈儿,台下的老少爷们儿才是"爷"。

成了"大蔓儿"没嘛儿,有喜欢京剧的票友求教,不但有问必答,而且无一人不被他的热情和平易近人所感动。哪怕是连中国话都说不利索的外国留学生、小京剧迷他也从不推托。

社会公益事业,赈灾,助残,他宁可推掉高报酬的商演也主动参加,而且绝不应付。

人们忘不了,在"非典"时期,他不仅主动创作了鼓舞民众斗志的《站起来》和《献给可爱的白衣战士》等参加慰问,而且还第一个站出来演戏,唱全本的《铁面无私清官谱》。当时是酷暑难熬,室外温度是四十多度,剧场内规定不能开空调。他一到剧场就有人跟他说:"卖扇子的都得谢你,剧场门口卖高价扇子,发财了。"再看戏院里是爆满,每人买一把扇子来听戏。整个一个新版相声《卖挂票》,听他的戏倒是不用买绳子,但得额外花钱买扇子,剧场里还有站着的、蹲着的,集体"蒸桑拿"。孟广禄也真是玩了命啦!他"全副武装"扮上啦!台上强光灯一照,温度就更高了。唱到后半场他两腿发抖,脑袋发涨,眼睛看台上台下的人都是红色的。"死也要坚持"!他在台上使劲掐自己的胳膊、大腿,下了台,袍子一脱,胳膊掐的是热乎乎的一片血,许多人都流泪了,到家后妻子抱着他的胳膊大哭了一场。

在台上他是如此,在台下他也注意自己的一点一滴、一言一行。曾记

得,经老市长瑞环同志推荐,他去向山东的方荣翔先生学戏时,也是如此。他常乘夜车去济南。到了老师的家门口,通常是凌晨,为了给团里省一天住宿费,也为了不耽误老师一家的休息,他便在楼梯上坐着等候,直至天亮。估计老师一家洗漱完了,他才去敲门。那时候,他是经瑞环同志和时任山东省省长的推荐去学戏的,瑞环同志还亲自主持了他拜师方荣翔的仪式,谁不能给他报销啊?! 可他却认为睡两三个小时算一天住宿费不值。他白天在老师家学习,晚上也是找个便宜的小旅馆,不住单间。为了第二天向老师汇报学习进度,又不能影响同室旅客休息,他就将录音机蒙在被窝里一遍遍地听,反复吟唱。当有人劝他,以后下火车先去找宾馆时,他说:"这比程门立雪舒服多啦,当初人家在一尺多厚的雪地里等老师醒来,我这是在楼道等一会儿,没嘛儿。"

时下,在全国产生轰动的一出戏,是在国家大剧院上演的大型新编史诗京剧《赤壁》。这部剧可谓是首开戏剧先河,投巨资打造。在舞台上使用了很多新手法来烘托剧情。如"草船借箭""火烧赤壁"等场面的处理,颇有新意。数百支一起降下来的箭,在几十秒的时间内分崩离析的大船,移动的小舟等,都能让观众更好地融入故事之中。就是这样一部大戏,著名导演张继刚看中了孟广禄,由他扮演曹操。

以往京剧中曹操的角色,大都是架子花脸来演绎,最为经典的当属袁世海大师的袁派花脸,人称"活曹操"。可这次,孟广禄要用裘派的铜锤花脸刻画曹操,这是颠覆传统的一次大胆挑战。所以大导演张继刚看中了他,就认为他行。

他也获得了成功,近期《赤壁》数字电影的拍摄已经杀青。无论是导演、同行、观众,都是一片喝彩。他那高亢激越、尤如穿云裂帛的气势,独特的唱腔处理方式,被普遍认为是历史性的突破。可是网上也有不同的声音,有人对其调门高达G音区有质疑;也有的认为他声音不是那么浑厚等等。行内人都认为这是太挑剔,不必理睬,网上可以随便瞎说,别在意。可孟广禄不是这样认为,他不看铺天盖地的赞扬,而是认真思考"挑剔者"的意见,还在一次电视媒体和新浪网的采访中公开这些意见,诚恳接受这些意见。他说:"感谢观众在网络上讨论我的唱法和唱腔,比如说我的声音不是那么浑厚,而是飙高音等,这是在推动京剧的发展。我自知做得还不够好,所以近年来拜访了很多老师,我深知老师是面镜子,可以正己。我要听得进意见,否则不知对错还往前走,就会出问题,我很需要观众指明正路。我感觉自己落伍了,至少应当经常上网,和大家拉近距离,我真心地再次感谢大家。"他使很多人感动,认为他是大才之人显现大气、在平淡之中看得出他是有份儿、够份儿。

摆份儿,让"和珅"喊服

当代和珅是谁啊?就是电视连续剧《宰相刘罗锅》中和珅的扮演者王刚,他不仅塑造的和珅形象深入人心,而且还有一个与和珅同样的嗜好,喜欢收藏,人称是演艺界"第一玩儿家"。由他策划和主持的《收藏天下》收视率颇高,中央电视台的"朋友"栏目,也由他主持。就是在这个栏目中,孟广禄和王刚展开了一场斗艺、斗收藏、斗学问的有情趣儿的智斗。

孟广禄在京剧《宰相刘罗锅》中也是扮演和珅,而且毫不逊色。虽然王刚扮演的和珅家喻户晓,但孟广禄在京剧中扮演的和珅也被行家认为是一个突破,尤其是在用铜锤花脸这个行当塑造和珅上受到普遍赞许。

那次,王刚和导演为了增加节目的趣味性,也进行了思考,要谈艺术之外的个人情趣。他知道孟广禄除了唱戏之外还有两个爱好,一个是书法,他是欧阳中石先生的得意门徒,其师还亲自刻印"石门下"送给他。但他从不宣扬,也不像有的人,出了点儿名,便以名人字画去"创收"。谈书法,趣味性差点儿,也不是自己的长项,应该谈收藏。他还知道孟广禄另一个爱好,就是喜欢玩蛐蛐儿,两个和珅斗收藏更有意思。

那天他作为主持人在热烈的掌声中上场了:"今晚我们请来的中心朋友是位百米赛跑取得11′2秒的好成绩,足球踢得也很棒,并且蛐蛐儿也养得十分地道的人,而他并没有玩物丧志,他是位为传承裘派京剧艺术作出杰出贡献的人,他是谁呢?"话音未落,全体观众异口同声地答道:"孟广禄!"

掌声又一次响起,孟广禄走上设计得像宇宙空间的圆形舞台,并带来了他的人生知己赵葆秀、于魁智、赵忠祥等名家,由王刚牵头,开始调侃朋友

趣事。

赵忠祥说:"我20岁的时候,负责台里戏曲裘派讲座,听裘盛戎讲唱念做打,印象非常深刻。可惜没和他老人家学上几口。在我多次主持的重大演出中,都有孟广禄的演出,我至今没弄明白,他那副单薄的身材,怎么就能发出那黄钟大吕、绕梁三日的声音来。也是蛐蛐儿为媒,我对广禄有了更深的了解。我是《动物世界》主持人,听说广禄喜欢养蛐蛐儿,一下子就把我们的关系拉近了,我们常在后台切磋养蛐蛐儿之道。"

说话间,一脸率真且带有几分童趣儿的孟广禄,从衣兜里掏出两只精巧古朴的蛐蛐罐儿。他一边打开蛐蛐罐儿,一边对着两眼放光的王刚说:"我带来两个七厘蛐蛐儿,叫青白铃铛,精神得很。""多大? 七厘?"这一出手就把号称"第一大玩家"的王刚震了。"世界最大的蛐蛐儿长八厘,这七厘长的也很难找,我也没见过。"他本来想侃侃而谈的,竟一时无语。孟广禄赶紧接过话题说:"你们知道蛐蛐的家族史吗? 知道蛐蛐有多少个家族吗?"谁也回答不上来,孟广禄自问自答:"明儿你上我们家开眼去,蛐蛐儿家族的20多个品种,在我们家差不多都能找到。"刚才像忘了主持人身份的王刚这才回过神儿来,便说:"听说你看电视时,总是手里拿着橘子皮,擦蛐蛐儿罐,这不跟我半夜里起来拿核桃油擦古董桌一样吗?! 你这蛐蛐儿罐有多少年历史了?"孟广禄的回答又使他吃了一惊:"至少有300年的历史,是明末清初的玩意儿,是紫檀木雕刻而成的。"大家明白了,这跟你拿核桃油擦的古董桌一样吗? 你们家的古董桌有300年历史吗?"你有多少蛐蛐儿罐呢?"王刚心想,你可能就这么一个,演戏出名了,指不定是谁送的,或是花大价钱买的。没想到,孟广禄说:"老的蛐蛐儿罐有100多个,我特意找人制作的新蛐蛐儿罐儿有上千个,我亲自监制。不仅材质各异,而且——印上了'裘派传人孟广禄之罐'的戳记。"

全傻了,据说这期节目在正式播放时略有删节。事后,这些人才明白,为什么孟广禄敢于摆份儿,因为在孟氏家谱中,孟广禄的爷爷曾在清宫里给皇上养蛐蛐儿。是蛐蛐儿维系了孟家的生计。孟广禄从小受前辈的影响,也喜欢养蛐蛐儿、斗蛐蛐儿。但他玩物不丧志,嗜迷不嗜赌,他心里始终牢记祖训:"淫赌是破骨的斧锯。"

艺术家的份儿，是贯穿于平日的生活、爱好、趣味儿中的。艺术家也不是不食人间烟火的超人。他们也有喜怒哀乐，也有排遣劳累的兴趣爱好，但绝不是目前演艺圈中个别人的不良嗜好。有份儿的人，就应该像孟广禄一样，用琴棋书画陶冶情操。他说："我喜欢蛐蛐儿的精神！好的蛐蛐儿宁可让对方一直咬死，都不离开战场。那种勇往直前拼搏的精神，也在激励着我把劲用在舞台上。闻其声，观其形，乐在其中，玩儿有所获。"

收份儿，让同行称许

戏曲界、曲艺界有一句俗语："同行是冤家。"我在文艺界做管理工作多年，其中最难做的工作就是"冤家难解而易结"，好像成了顽症。但在孟广禄身上却没有丝毫这样的陋习。在他供职的剧团里，在京剧界，同一台戏的、同一晚会的人普遍夸他人缘好。即便是同行当的天津邓沐伟、康万生，和他合作的北京于魁智、赵葆秀等人，都是他的好友。为什么呢？艺术家的份儿，还要在同行之间的"义"中来建立，在义字面前必须要收份儿。

孟广禄的老师方荣翔已故去多年了，但他经常去看望师母，每次都给没有工作的师母留下生活费。与师母告别时，还要毕恭毕敬地给师父像叩三个头。孟广禄说："一日为师，终身为父。师父在世时身患重病，仍然热心地教我学戏，这种恩德我一辈子也不能忘。"方荣翔的嫡孙方旭在中国京剧院供职，孟广禄为了提携他，主动收他为徒，此举被京剧界传为美谈。认为孟广禄有情有义，是报恩于方家的重情之举。

于魁智在一次媒体采访中介绍孟广禄说："我跟他20年前是'中戏'的同窗好友，现在交往就更密切了。俗话说，同行敬重，比的是人性，我和他没在一起喝过酒，我们一起到外地演出，散场后常常彻夜长谈。探讨唱腔唱段，分析戏中人物，琢磨身段动作。记得，在我岳母患癌症住院时，听见信儿的孟广禄，知道我岳母爱吃天津的炸糕，就从天津捧着耳朵眼炸糕送到病床前，打开包时，炸糕还是热的，我老岳母激动得双手都颤了。所以，每年除夕之夜12点，我都准时拨通他家电话，互祝'身体健康，嗓音宏亮'。"

赵葆秀说："孟广禄和我合作，从来都不在乎谁把名字排在前，谁排在

后,还主动在台上帮我带学生。"

他在台上演包公,也喜欢包公的清正廉明,刚正无私,嫉恶如仇,爱憎分明。前几年,孟广禄与朋友在济南演出结束后,走到山东京剧院门口时,忽听得一位女士呼叫:"抓贼!抢东西啦!"孟广禄冲上去,问怎么回事,当得知这位女同志的包被抢走了,便撒腿向那个抢劫犯追去。大家都替他捏一把汗,"你是有份儿的艺术家啊!万一抢劫犯给你一刀,不就全完了",但孟广禄压不住这股怒火,拼命地追,最终将抢劫犯擒获,送往公安部门。他不图表扬,回津后也不声张。当别人问起这事儿时,他说:"现在有的演员只重演戏,不重做人,殊不知做人比演戏更重要。做不好人,戏也难以演好。"

一个有份儿的艺术家,不仅有情有义,懂得做人的道理,而且还具备振兴民族文化的事业心和强烈的责任意识。2010 年全国"两会"期间,他作为全国政协委员出席大会,又一次为振兴民族文化而呼吁。会前他刚从香港演出回来,会议期间还应邀在国家大剧院演出。但无论多忙多累,他也精心准备自己的发言和提案,他这次提案的内容仍是关于民族文化艺术的继承和发展。他说:"刚刚听完温总理的讲话,心里很激动,一个民族的发展,不单是经济的发展,更重要的是强大的文化力量。而这种文化力量的壮大,首先来自对自己民族精神家园的坚守,它是民族灵魂所在。"

孟广禄为艺术而拼搏,为堂堂正正做人而奉献,为振兴民族文化而呐喊。这才是当今时代津门一位真正有份儿的艺术家。

嘛叫天津人的『味儿』

嘛叫天津人的"味儿"

——话说京韵大鼓表演艺术家刘春爱

天津人品评生活,谈论人格,欣赏艺术,爱说"有味儿,没味儿"。如斥责他人办事"走界",常说"这个人没味儿"。有人找不痛快,称"找没味儿"。看戏听曲艺,摇头晃脑,品的是个"味儿"。品到情浓之处,气走丹田,大喝一声:"嘿!有味儿!""味儿,"即正宗;品"味儿",是内行经过琢磨、体会而悟出的"真谛"。搞艺术的,为追求"味儿",往往是穷其一生精力而修炼的目标。

骆玉笙大师的亲传弟子、"骆派"京韵大鼓优秀传承人刘春爱,日前举办的从艺50周年的庆贺活动,轰动了京津两地。爱曲艺的看客们大呼"过瘾"、"有味儿"。而她能获此赞誉,谈何容易啊!曲艺界有言:10年得其大概,10年得其要旨,10年化为己有。难吧?30年才能挺直了腰板说话。而她是整整50年啊!50年的跋涉、磨砺,使她举手投足、吐字行腔犹如大师再世。在文化大发展、大繁荣的攻坚战中,"曲艺之乡"的美誉,需要有更多的刘春爱这样的艺术家,来传承我们民族的"有味儿"的艺术瑰宝。

幼小的才气,逗乐了马三立、赵佩茹等老一辈艺术大师

"这孩子太灵了!"

"她的嗓子太像我了!"

1960年,11岁的刘春爱在考入天津市曲艺团少年训练队三个月后的汇

报演出中获得一片赞扬之声。当时学习鼓曲的学员普遍由桑红林老师开蒙，从1958年到1960年训练队已有将近百名学员。而她在众多学员之中脱颖而出，源于一段完整的京韵大鼓《黄继光》，举手投足，击鼓行腔，满脸稚气，纯朴机灵，一下子就逗乐了台下的骆玉笙、小岚云、赵佩茹、石慧儒、程玉兰等一百多位曲坛"大蔓儿"。

"这孩子的嗓音宽度、厚度、韵味儿太像我了。"时任副团长的骆玉笙一改往日矜持，立即到后台找她："你以前唱过曲艺吗？""没有！""我没学生，跟我学，行吗？""行！""太好了，以后你在舞台上唱，身子要直起来，为了漂亮，头发再留长一点。"就这样，她在当年的9月份，开始了和骆老师的学艺生涯。第一个唱段是《过雪山》，当时的唱词，是由文化水平不高的骆玉笙一笔一画亲手为她抄的，至今她还珍藏着这份宝贵的遗物。

"好！我推荐你上电台。"没多长时间春爱就学会了第一段"骆派"京韵

大鼓《过雪山》。看到一棵好苗子，骆老从心里高兴。当时，电台是最顶级的传播媒体，11岁的孩子、学徒不到一年，便破例走进了天津广播电台的录音棚，而且反响强烈。此后，电台竟把她作为免审免试的小演员，学会一段就录一段。从1960年到1964年，她先后向骆玉笙学会了《过雪山》、《邱少云》、《红梅阁》、《丑末寅初》、《剑阁闻铃》、《珠峰红旗》、《过草原》、《祭晴雯》、《三少年救火车》等多段曲目，全部由天津电台录制播放。一次，学员们在食堂吃饭，电台正播放刘春爱的《过草原》，许多人认为这是骆玉笙唱的，当时给刘春爱伴奏的弦师张子修说："这是春爱唱的。""别吹了，是小彩舞。""咱打赌。""赌就赌！""赌

嘛?"孩子们没钱,赌饭票。结果张子修把大伙儿的饭票全赢走了。1961年和1962年她两次受到陈云同志的接见,而且陈云同志对她演唱的《丑末寅初》赞不绝口。1962年她又以《祭晴雯》参加了首届津门曲荟。

"我永远忘不了我的恩师骆玉笙!"在庆贺刘春爱从艺50周年活动中,她含着热泪,动情地说,"我学艺时,正赶上'节粮度荒,三年灾害',骆老太太怕我营养跟不上,就让我每天在她家和她吃一样的饭。不怕大家笑话,我那时家中姊妹八个,我是老三,很穷。在骆老家才第一次认识蔬菜中的菜花。随老太太去东北演出,是老太太为我洗头。为了把我打扮得漂亮点儿,老太太上北京从新凤霞那儿要来假发,给我续成长辫子。"

那时,随时都能听见这师徒俩的笑声。她第一次陪骆玉笙去山东演出时,两人住一屋,但她不知道老师睡觉有磨牙的习惯,睡梦中她被惊醒了。第二天问弦师马涤尘:"我怎么半夜听见蛤蟆叫啊?"马老师乐坏了,说:"什么蛤蟆叫?那是你老师夜里睡觉磨牙呢!""说我是蛤蟆?"骆玉笙在后边听见了,只是抿嘴笑,也不往心里去。可晚上,刘春爱还想直接问骆老师:"老师,我夜里听见蛤……"骆玉笙知道她想说什么,还没等她把"蛤蟆"两字说出口,马上打断她,说:"你别说我,你昨天夜里的梦话说'没那么十全十美的',这是什么意思?是不是对我白天的批评不满意?"刘春爱一愣,紧接着骆玉笙孩子似地哈哈大笑起来,春爱这才反应过来,也笑了。

骆玉笙喜欢春爱悟性高,并不止一次地说她是小录音机。因为她记词、记唱腔特快、特准。有时骆玉笙为新词儿设计唱腔,她就在旁边听。如果第二天骆老忘了,便说:"春爱,我昨天这句怎么唱来着?"春爱马上就能唱出来。老艺术家们见到她,也都拿她当"包袱点(即开心果)"。因为她模仿能力特别强,也无拘无束,像张寿臣、石慧儒、小岚云、苏文茂都是她模仿的对象。老师们一见她,就说:"你学个苏文茂。"她马上把下巴颏儿往上一扬,学苏文茂兜齿儿说话。像张寿臣嘶哑嗓子抖包袱、石慧儒上台的台步、小岚云的动作,从声音、模样、举止全能惟妙惟肖地"使相儿"表演。每到这时,马三立、张寿臣、赵佩茹等都被她逗得捧腹大笑。骆老看她敢在"大蔓儿"们面前抖包袱,也跟着"砸挂":"这孩子要是剃了光头,你们说相声的都没饭。"

当今的人气　鼎立了骆派艺术之传承

　　1964年刘春爱由少年训练队转到青年队,与杨凤杰以京韵大鼓第一个对唱形式表演的《草原小姐妹》,轰动了全国。当时中央及各地方广播电台频繁地播放这个节目,这也是她毕业以后首个代表曲目。可是好景不长,"四清"运动开始了,骆玉笙被列为批判的重点,紧接着开始了"文化大革命"。骆玉笙第一个以"三反分子"被揪出来,关进"牛棚",即一间没有窗户的储物仓库。当时"组织"找刘春爱谈话,让她揭发骆玉笙的问题。她看到有的学生揭发、殴打教过他们的老师,很不理解。她有骨气,从不参加揭发批斗老师的活动,并说:"老师对我很好,我不知道她什么地方反党。"后来"组织"对她说:"你再说她好,就连你一起揪出来。"也确实残酷,她的同学马志明因替父亲马三立鸣不平,也被关进"牛棚"。所以,她只能在没人的时候向老师悄悄地问声好,骆老师怕牵连她,便低声说:"别管我,听党的话啊。"她忘不了师父的好,每次想起在师父家,师父及家人对她的悉心呵护,心里就感到难受。

　　1968年,市曲艺团与市杂技团合并,诸多曲艺名家和中青年演员都下放到工厂、农村,只留下13人的曲艺演出队。她因为艺术条件好,也留了下来,但组织上让她改唱京东大鼓。1976年的一天,62岁的骆老太太找到了刘春爱,高兴地说:"春爱啊!'四人帮'倒台了!我没事了!咱们还得唱,你还得唱京韵大鼓。""可是唱了几年的京东大鼓,嗓子只有高音区,中低音都不行啦!"骆老说:"没事儿,咱娘俩儿先唱对口,我帮你恢复。"于是她和骆老先上演了对口京韵大鼓《夜请李月华》,成为轰动曲坛的经典之作。让大家更为高兴的是,师徒二人的关系还和以前一样,总是"包袱"不断。排练时,老师既严格又严肃。闲暇时春爱依然爱"砸挂"。由于"文革"的伤害,骆老处处谨慎小心。人有时候也怪,越怕说错话,错话还就越多。骆老为了不给徒弟添麻烦,经常是一个人赴京。一次在北京坐公共汽车,她想在缸瓦市下车,可买票的时候愣告诉售票员:"我去瓦岗寨,哪站下呀!""瓦岗寨?"把全汽车的人都逗乐了。刘春爱就拿老太太"砸挂"。"您见着窦尔墩了吗? 以后您还是带着我点儿。省得上北京找瓦岗寨。""我上北京是私事,咱不能让群众有反映。"有一次北京一个朋友的孩子到天津要去郭家胡同,老太太又自告奋勇:"我领你去。"到了郭家胡同后,老太太拄着拐棍一指胡同的牌子说:"这个不是,上边写的是'同胡家郭'。"她给念反了!刘春爱夸老太太:"您学问太大了,愣拿'同胡家郭'考人外地孩子。""别锅不锅的,今儿上你们家吃饭,给我包三鲜饺子。"老太太晚年最喜欢吃刘春爱做的饭,刘春爱由于小时候常在老太太家吃饭,知道她的口味。当老太太吃得正香时,她不让吃了。"为什么不让我吃?""我数着了,您已经吃十九个饺子啦,不能再吃了。""我打包,全带走。"

骆老师在粉碎"四人帮"之后和她合作了六七个段子,而且把她失去的中低音及韵味全都找了回来。1982年,骆老便开始让她单独演唱,自己宁可唱小段儿,也要把舞台让给她。

她也不负众望,日以继夜地下苦功,不但学习掌握了骆玉笙演唱的70余段保留曲目,而且在继承老师演唱风格的基础上,又丰富了20余段"骆派"新作品,有的曲目已成为她自己的代表作。她有一个坚定的信念,就是倾其一生,也要把"骆派"京韵大鼓传承下去。

传承,从一定意义上说,是发展艺术更为重要的一个环节。我总在想,解放前,京韵大鼓的兴旺时期是刘(宝全)、白(云鹏)、张(小轩)三大派,而今日为什么"张派"失传了呢?原因就是没有传承人。"骆派"京韵大鼓,起源、发展、鼎盛于津门,是我们的骄傲,能否传承,关键取决于有无优秀传承人。刘春爱做到了。"骆派"艺术已成为"曲艺之乡"的重要流派,是天津老少爷们儿离不开的曲种形式。

在此次庆贺活动中,中国大戏院的台上唱、台下和,唱的精彩至极,听的如醉如痴。最后是刘春爱与此次活动中新收的8位弟子在台上合唱了电视剧《四世同堂》主题曲——《重整河山待后生》。许多人流泪了。散戏后,观众们围着刘春爱不走,夸她唱得有味儿,赞她聚拢了痴迷"骆派"艺术的人气儿。

立身的大气　实现了艺术的真正有味儿

　　一位优秀的艺术传承人，不仅技艺高超，还要具有高尚的思想境界。我认为，演员当其艺术水准发展到一定阶段时，思想境界决定着艺术的再次飞跃。1988年，骆玉笙决定将在北方曲校担任教授"骆派"京韵大鼓的担子全部交由刘春爱来承担。从那时开始，一直到现在，刘春爱在教学上多年如一日，从未因私事耽误一节课，更不考虑待遇。学校经费紧张，很长时间都是每节课仅补贴8元钱，连来回的"打的"费都不够。有的兼职老师、尤其是像她这样有影响的艺术家，坚持了一段儿后就谢绝了任教。可她坚持培养了6届10余位优秀的"骆派"京韵大鼓演员。每一届学员，都被她那认真施教、因人授课的精神所感动。有时天气恶劣，大雪纷飞，马路断了交通，她就让自己的爱人想法送她上学校。当外地有高额报酬的演出邀请与教学有冲突时，她宁可推掉演出也不耽误给孩子们上课，而且还经常无偿地在家中给孩子们加课。她认为这是责任，关乎"骆派"艺术的传承。所以，当看到孩子们有进步时，她比自己获得荣誉还高兴。当某个孩子止步不前、进步缓慢时，她吃不好饭睡不着觉。2004年，她退休了，但也更忙了。她接受北京曲艺家协会的邀请，在北京建立了"刘春爱工作室"，每周在广德楼示范演出一场。在天津除了继续在北方曲校任教外，2005年又在天津市健康老年大学开办了"骆派"京韵大鼓学习班。任教五年，教了一百多位老头儿老太太。有的从未学过曲艺，有的条件很差。但她从普及开始，悉心传授。当听说部分老年人可以集体在公园合唱京韵大鼓了，她专程前往助阵，和大家一齐合唱。她的精神，让许多内、外行都很感动，大家说："曲艺之乡应该有这样艺德皆高的艺术家，有了这样的好榜样，曲艺才能大发展、大繁荣。"

嘛叫天津人的「绝活儿」

嘛叫天津人的"绝活儿"

——话说蜡像艺术家尔宝瑞

天津人的绝活儿,体现在五行八作之中,各行各业的手艺人都讲究练就一手绝活儿,只当第一,绝不屈尊第二,这是天津卫的地域特色,是想在天津站住脚的各类艺人共有的一种精神。近年,我时常去外埠出差,使我最厌烦的一件事就是,当我带有浓重的乡音和人对话时,对方便学着我的口音说:"天津,狗不理包子。"合着我们天津就是"包子"? 可我又想:为嘛现在外地人仅仅知道天津卫有食品"三绝"十八街麻花、耳朵眼炸糕、狗不理包子呢? 为什么仅仅知道天津民间艺术"三绝"泥人张、风筝魏、杨柳青年画呢? 难道我们新时期的人才和绝活儿就没有超越古人的吗? 别的不说,我就给您介绍一位在 2001 年举办的首届中华(天津)民间艺术精品博览会上被授予"津门新三绝"之一的蜡像艺术家尔宝瑞。我认为,他就可称是前无古人、艺惊世界的绝活儿大家。

"被骗"之后惊呼绝

蜡像之绝在于神似。那么尔宝瑞所塑的蜡像是什么水准呢? 1997 年 2 月,尔宝瑞应中国伟人蜡像馆的委托,为邓小平塑蜡像。人们对小平同志的音容笑貌太熟悉了,这次创作被他视为自己雕塑生涯中"最大的一次挑战"。

当身穿灰色中山装,双手摆放自然,精神矍铄,面带慈祥,平和自信,对中国前景充满了信心的邓小平蜡像塑成后,人们都惊呆了。这尊蜡像相貌

酷似真人，甚至脸上每一丝细细的纹路或微小的斑点，都栩栩如生，尤其是神态气质，有如天成。小平同志的家人看了以后非常激动，连声说："太像了，神韵特别好，内心世界刻画得好，是所有邓小平伟人像创作当中最好的。"这个蜡像的以假乱真到了什么程度呢？小平同志的夫人卓琳女士在看到小平蜡像的照片时，竟以为是小平同志生前拍的照片呢！

这尊蜡像在上海展出时，有几个小学生还在蜡像前吵了起来，因为其中几名孩子认定是"邓爷爷来了"。随后打赌，跑去喊邓爷爷，见邓爷爷没说话，还是不信。便伸出小手在蜡像的眼前晃，看眼睛没动才确认是被蜡像给"骗"了。

2007 年 6 月 28 日，为庆祝香港回归 10 周年，在"恭迎小平蜡像莅港"大会上，当"小平同志"现身香港的维多利亚港时，传来的是全场经久不息的欢呼声。"太像了，这就是小平同志。"小平同志生前说："哪怕坐着轮椅，也要在我们自己的土地上走一走，看一看。"小平同志来了！香港的朋友紧紧握着尔宝瑞的手说："小平同志的愿望实现了。这就是小平同志，他看见回归后的香港了！"

2008 年北京奥运会期间，尔宝瑞又奇迹般地让百年奥运的"八位奥委会主席欢聚一堂"。这组"历届奥委会主席欢聚北京"的蜡像一亮相，立刻引

起了轰动。正式展出前，国外奥委会委员路过工作现场时，正看到刚刚组装好的罗格蜡像，他们以为罗格已经到了，便立即欢呼起来。看到罗格没理他们，很是纳闷儿，待近前确认是蜡像时，不约而同地向尔宝瑞报以热烈掌声，并用中国话大声说："像！像！太像了！"

那天罗格和萨马兰奇也来看"自己"了，本来很少能见到罗格笑容的，可他老远一看到自己，就笑得合不上嘴了。当罗格站在自己蜡像旁边时，萨马兰奇对陪同的中央领导说："你看，你看，他们俩都分不出谁是真的

谁是假的了！"

展览期间，有一老一少两位外国女士一直围着罗格的蜡像，兴奋不已，连声说："太不可思议了！"并请求与蜡像合影。根据规定是不能近前拍照的，可是其中一个女士说："我是要和哥哥照相。"一个说："我要和爸爸照相。"啊！原来这两位一个是罗格的妹妹，一个是罗格的女儿。据说，事后她们拿着这些照片给别人看时，谁也没认出照片中的罗格是蜡像。

世上就有这样的事，所有被"骗"过的人，明白过来以后是兴奋，是喜悦，是佩服地喊"绝"。

国际奥林匹克博物馆在上万件 2008 年奥运艺术品中唯独收藏了这组蜡像，并在洛桑的奥林匹克博物馆中永久展出。

《圣经》中记载，上帝亲手用泥土捏就了人形，吹一口仙气于其中，便有了生命。在世界的东方，在中国，在天津，就有一个用平凡的双手履行上帝的职能，塑造生命永恒的艺术大师。这就是尔宝瑞的绝活儿。

豁命才能练出绝

天津为什么出奇人、有绝活儿呢？因为天津人从小就普遍受到"一招鲜，吃遍天""要想人前显贵，就得背后受罪"的灌输。尔宝瑞也是一样，三岁时便蹲在马路边画汽车、画警察。后遇一位认为"孺子可教也"的师长，送他一本哈定的《怎样画铅笔画》的教材。他如获至宝，每天与画结伴。在天津草厂庵小学读书的时候，老师画教学挂图找尔宝瑞。语文老师为了更形象地教学，让尔宝瑞把课本中的故事绘成连环画，作为全年级语文教学的挂图。

踌躇满志的尔宝瑞以优异成绩考上了南开中学，随之"文革"开始了。从那个年代走过来的人，大都还能记得当年流行一幅黑白线条的木刻毛主席侧脸像吧？那就是年仅 16 岁的尔宝瑞首创的。可好景不长，父亲进了"牛棚"，他也被打成"反革命"。"上山下乡"运动开始了，他来到内蒙古哲里木盟接受再教育。所幸的是大家一进村，就看到墙上挂着的毛主席像是他刻版印刷的。当地蒙民对他也刮目相看了，档案被压在县里未往村里转。

可是这种再教育受得了吗？一个从没干过农活的未满 18 岁的孩子，每天累得回到屋和衣就睡。第二天天不亮就起床，到了地里人困得打晃。锄地时都看不清哪是禾苗哪是草！10 月份收高粱，一层霜披在高粱上，是锯齿一样的冰碴，扎得手又红又肿。即便这样，他也没有丧失画画儿的信心。许多农民一辈子没照过相，他就主动给乡亲们画像。他画得很像，所以找他的人多了起来。有的乡亲见他每天和衣而卧，夜里冻得发抖，就把他叫到自己家住；有的农民画完相便留他吃顿热乎的饭。这也练就了他一股坚强的毅力和别人难以和他较量的素描基本功，尤其是速写过程中的瞬间捕捉能力。现在的学生在美院画模特，是静态的，可以根据需要摆各种姿势，一画就是半天。农民可不一样，他们聊天儿、打逗、行走、干活儿，而且待一会儿就催着要画。他不怕苦，这样一来反倒练就了捕捉瞬间生动情态的本领。有的知青回家探亲了，他没有钱买车票，父亲关在"牛棚"里，每个月只发 20 元生活费。他不消沉，也拒收农民给他的画像钱，他是以画作为思想寄托。有人算了这样一笔账，他下乡 10 年，是 3600 多天，可是他竟然画了上万幅肖像。同时，他还在搞绘画创作，作品多次参加省和全国美展。特别是 1977 年他创作的一幅遵命之作《草原牧民心向华主席》，在全国美展上一炮打响。1978 年他考入东北师范大学美术系学习油画，后调到天津美术学院任教。

困难只能吓倒弱者，难题往往伴随着机遇。1992 年清东陵文物部门拟制作系列清代人物蜡像。经人介绍，他们找到了做过雕塑的尔宝瑞。当时中国蜡像界还是一片空白，尔宝瑞在对西方蜡像制作一无所知的情况下，敢于接受挑战。他埋头工作室，做泥稿、翻模、浇蜡、上色、刻画毛孔和皱纹、安上真人的毛发……

蜡像艺术的最大难度，就是对已经故去的人参考照片进行塑造。照片是二维的，蜡像是三维的，要通过不同角度进行从平面到立体的转换，但一张照片不可能有各种角度。照片拍摄的时间不同，人的模样也不同，光影效果更是不同。要在不同角度、不同年代、不同表情的多幅照片中寻找、总结出一个完全统一的综合体是相当困难的，艺术水准稍差的人就会出现 40 岁的鼻子加 50 岁的下巴加 60 岁的眼神的情况。所以蜡像艺术家要穿越历史的隧道，穿透人物心灵去追寻、领会、浓缩和延伸。另外，每个人的皮肤色泽、光度、纹理,毛发的粗细、刚柔、曲直、方向都是随时变化的。要做到完全真实,甚至要对每一根毛发进行设计,对人不同部位的皮肤感觉进行揣摩。

他太投入啦!走在街上也要时常盯着人们的皮肤看,也要观察各种人物的形态骨骼。当他觉得某个人有特点时,便情不自禁地尾随人家。有一次他和妻子去超市,一转眼人就不见了,原来是他发现一个女人骨骼与正在塑制的人物骨骼很像,就跟着那个人走,而不知道自己走到了什么地方,差点让人把他当做不怀好意的男人……

为了攻克一个个难关,他不仅仅夜以继日地干,有时基本吃不上饭,在街上买一块饼,一边嚼着一边走。

由于长期低头弯腰,他的颈椎病也愈来愈严重地折磨着他,在医生强令他必须要躺下休息时,他也是一边扎针灸一边继续创作。

十余年来,他集全部幻想、感情、心血的高度投入,以自己的身体健康为代价,以超常的速度,练就了一手绝活儿,写下几十万字的笔记,创作了百余尊蜡像,如孙中山、毛泽东、刘少奇、周恩来、朱德、邓小平、宋庆龄、李先念、陈云、鲁迅、张自忠、李叔同、林则徐、慈禧、李鸿章、袁世凯等历史人物蜡像,被分别收藏陈列在中国革命博物馆的中国伟人蜡像馆、中国革命军事博物馆、"中共一大"纪念馆、李先念纪念馆、陈云纪念馆、鲁迅纪念馆、重庆红岩纪念馆,以及上海、天津等十余座城市的博物馆、纪念馆中。在这些永恒的生命中,也彰显着一位天津艺术家的生命之旅,才艺之绝。

世界第一才叫绝

天津人好脸儿,嘛事儿都要争个第一。相声《钓鱼》中那个"二他妈妈,快拿大木盆来啊"由于好脸儿,没钓上鱼来,去买鱼。当别人说分量不够,一句"嘛玩意儿,二斤?四斤高高儿的,掌柜的还饶两条啦"全说漏了。这则笑话,是讽刺极个别图虚荣而好脸儿的人,这绝不是天津民风。天津人的好脸儿,是唱戏的、要手艺的都得争个先,而且是"宁当鸡头不当凤尾"。若不能在天津卫占个第一,立马"山后练鞭",到外地闯荡。待练成了,再来踢码头,绝不屈尊第二。那么,尔宝瑞能占第一吗?有人说他是中国第一,2004 年

他获得民间艺术的最高专业奖，即山花奖。那么在世界范围内他有位置吗？蜡像发源地是欧洲，人家有300多年的历史。也就是在我们的明末清初，他们就有这玩意儿了，而且核心技术是绝对保密的。而尔宝瑞呢？他从1992年涉足蜡像制作到现在还不到20年的时间。

但是，我可以负责任地、骄傲地告诉大家，尔宝瑞的绝活儿一出手，就改写了欧洲保持了300多年的蜡像水准，把蜡像艺术推上了巅峰。

他的蜡像绝在哪儿呢？

尔宝瑞的蜡像作品

以全世界独占鳌头的英国蜡像为例，他们根本不给蜡像做汗毛孔，皮肤都是光亮的，只能远看而不能近瞧。尔宝瑞独创的蜡像工艺技术，在表现人物皮肤的质感上达到了毛孔、血色等如真人般滋润鲜活。而且不同部位的毛孔随着表情肌肉的运动而有大小深浅方向上的变化，经得起大幅照片特写放大，这种前所未有的超写实主义的艺术技能，目前哪个国家都无人掌握。

在皮肤色彩的处理上，世界各国都是用喷枪喷出深浅变化，给人以涂上去的感觉。而尔宝瑞的蜡像肤色，仿佛是从皮肉中透出来的，皮肤上千千万万、大大小小不同深浅、不同色泽的微小斑点，都能按真人的分布位置精确地再现，如同真人皮肉。什么英国、法国、荷兰等等国家的蜡像大师看了咱的蜡像后，都惊叹地为天津爷们儿叫绝。

能不服吗？前几年有关部门盛请所谓世界上最好的英国蜡像大师到北京，为江泽民同志塑像。他们玩儿的那个气派可真大，浩浩荡荡一干人马。

也真能糊弄人,他们光在人物脸上就测量了 120 个数据,用了近一年的时间才完成。而尔宝瑞不用实际测量,仅凭照片,一个人不到两个月就制作出来,并公认质量远超英国人。

绝,还绝在尔宝瑞的蜡像不仅形似,而且神似。他的深厚文化底蕴和肖像艺术的功底,在表现人物风采和复杂的人格特征上,都达到了迄今各国蜡像艺术家都无法逾越的艺术高度。成为"给蜡像塑以灵魂的人"。

瞻仰他塑制的毛泽东像,就是看见一个扭转中国命运、叱咤风云的伟岸领袖;走进天津周邓纪念馆,看见他塑制的周总理像,就像听见周总理亲切的声音在和你交谈;仰望邓小平的像,就仿佛看到中国改革开放的总设计师仍在呕心沥血构思着中国的宏伟蓝图。

1996 年,尔宝瑞应邀为朝鲜前领导人金日成制作蜡像。当年 7 月 8 日是金日成逝世两周年纪念日,我国要将蜡像作为厚礼赠送给朝鲜。

尔宝瑞跟随专列,护送金日成蜡像。到达朝鲜境内第一站,当地党政军干部一看到金日成蜡像,就仿佛见到活着的领袖,不约而同地失声痛哭起来。每到一站,这样的景象就会重复一次。塑像安放在妙香山,在苍松翠柏的背景和开满鲜花的坡地上,金日成微笑着目视前方……

"感谢中国的同志们,把我们的领袖活生生地送到我们面前,这足以证明朝中两国人民用鲜血铸成的友谊万古长青!"朝鲜人民表达着自己深深的谢意。

这本来是无偿的馈赠,但金正日激动得说不出话来,眼中含着泪,把一块在金日成 70 岁诞辰时专为各国领导人定做的手表送给尔宝瑞。

这就是我们的津门新绝,这个绝,让我们中国人在世界面前扬眉吐气,绝得让我们天津人自豪无比,脸上有光。

2004 年,在第二届中华(天津)民间艺术博览会期间,联合国教科文民间艺术组织的代表专程来津,看了尔宝瑞展出的蜡像后,会同评委评选,授予他"国际民间工艺美术大师"称号。尔宝瑞成为世界蜡像领域唯一获此殊荣的艺术家。

2010 年,尔宝瑞进入了甲子本命之年,感慨颇多。他说:"因长期繁重的工作,眼睛已经花得很厉害。国外蜡像界在技术上封锁垄断了我们 200

多年,现在想出'天价'买我或买我的技术。我是天津爷们儿,绝不会答应。但我盼着我们的知识产权保护水平能够达到一个不能让人剽窃的程度。这样,我就能在天津教学,在美院里办一个蜡像专业。将自己的全部艺术成果献给社会,让中国的蜡像艺术永远位居世界第一。我每天都在做梦,要让涌向英国伦敦蜡像馆的世界游客,像崇拜中国盛唐艺术那样涌向中国,涌向天津。"

祝福你,为华夏艺术领域增光添彩的尔宝瑞,你的梦一定能实现,蜡像艺术也一定能为津门增加更绚烂的光彩。

嘛叫天津人的「灵」

嘛叫天津人的"灵"

——话说著名相声表演艺术家刘俊杰

灵,有时是说某个人聪明机灵,也可以说某个人会来事儿、善钻营。而在天津相声界,若说某个人灵,绝对是褒奖而无贬义,一般是说此人有悟性,是可以造就的人才。而且这个灵,还指此人有办事能力,有情有义,幽默机敏。

今年已62岁的相声表演艺术家刘俊杰,就是行内普遍赞誉其"灵"的相声从业者。

在灵中成才

相声演员学唱,老一辈的有侯宝林,后来又有天津刘文亨,他们学唱各种戏曲不仅打外,即征服观众;而且打内,即行里人、包括戏曲界也得认可或佩服,这样的相声演员实在是太难得了。在侯宝林、刘文亨之后,还有哪个年轻演员在学唱上既打外又打内呢? 刘俊杰做到了。一次,在全国政协组织的文学艺术家联谊会上,演"革命样板戏"《红灯记》中李玉和的钱浩梁(即浩亮),问坐在他旁边的苏文茂:"苏先生,跟您打听个人,天津有一个说相声的,在电视上说了一段相声叫《戏迷》,好! 唱《沙家浜》中的'我虽然读书在东洋,沙家浜毕竟是故乡……'这几句,他用了京剧、越剧、河北梆子、评戏、吕剧,真是地道。而且,这个演员往台上一站,规矩,看着也漂亮。我有机会得见见他。"

坐在钱浩梁另一侧的天津著名京剧鼓师、乐队指挥家李凤阁,哈哈大笑,这一笑把钱浩梁笑懵了。

李凤阁说:"钱先生,我看您别先见这位演员,还是先见见他的师父吧。"

"他师父?"钱浩梁问,"有其师必有其徒,他的师父是哪位?"

李凤阁一笑:"远在天边,近在眼前。"

钱浩梁是京剧大家,但不太了解相声界的师承关系,此时明白了。说:"原来是苏先生的弟子,好!真好!就他唱的那几口儿,就能看出一个好演员的灵气儿。"

苏文茂说:"您先别夸他。他唱的那几个剧种,地道吧?关键是唱腔设计得好。您知道是谁谱的曲?"

钱浩梁摇头。

苏文茂也来了一句:"远在天边,近在眼前。"

"哈哈——"这回是钱浩梁笑了,"你们俩一位是师父,一位是谱曲,我是有眼不识金镶玉啊!"

刘俊杰是怎么一个灵呢?

他原是天津南郊北闸口的一个农村娃娃，祖辈几代都是地道的农民，从来没有从事文艺工作的人，"文革"中，十几岁的刘俊杰有时参加宣传队演出。当时，苏文茂先生下放到北闸口，评剧表演艺术家陈佩华（小花玉兰）也在那里接受"改造"。一天，陈佩华找到苏文茂说："我们这儿有一位非常有灵气儿的小孩。你可以培养他说相声。"于是，经陈佩华引荐，苏先生看了一下刘俊杰表演，并与他进行了短暂交谈，便说："他虽然还不会说相声，也不懂相声，但我看行，他灵！"从此，苏先生便喜欢上了这个学生。有一次刘俊杰参加汇演要上一个新段子，苏先生在交通不便的情况下，愣是走了几十里地到学生家，给他说活。这件事也深深地打动了刘俊杰，他不负众望，靠着自己的机灵和用功，16岁就考进了北京空军政治部文工团，1972年正式拜师苏文茂，后转业到天津市曲艺团。

灵，是伴随着汗水和拼博的。一天深夜，京剧院的表演艺术家赵德芝一家睡得正香，一阵急促的电话铃声把一家人吵醒。赵德芝急忙接听电话，一听是刘俊杰，赶紧问："俊杰！有急事？"俊杰说："我问一句唱腔。""你有病？知道几点了吗？""唉！没看表。"这真是让赵德芝哭笑不得。但他也真喜欢他的认真，就在电话里教。深更半夜，他二人在电话里就唱上了。1987年他创作的相声《找毛病》，七易其稿，进行了九次增或删，本着精益求精的原则，他先后改动十余次，于是中央电视台导演决定，让他与赵炎成了搭档，让《找毛病》"闯"进了中央电视台的春节晚会。1996年，他又与唐杰忠合作，在中央电视台春节晚会表演了他创作的《谁有毛病》，2001年仍与唐杰忠合作表演了他创作的《戏迷》。而且，中央电视台春节晚会的多任导演，都认为他灵，所以还经常调他去京，参加导演"智囊团"出谋划策。

由于他灵，人们还送给他一个雅号——"笑话篓子"。那时，他调到北方曲艺学校任教，工作之余，在天津广播电台交通台讲笑话，一天讲几个，一连讲了3个多月。一百多个笑话，全都是他自己创作的。

从他创作第一个相声段子开始到现在，他已经创作了对口、单口、群口相声《点子公司》、《话说天津卫》、《说酒》、《传统与现代》、《闭月羞花》、《一天零一夜》等近百段相声，并出版了《刘俊杰相声作品选》。

著名曲艺理论家薛宝琨说："刘俊杰是我国当今相声艺术舞台上的实力

派。他不是靠子虚乌有的媒体炒作徒有虚名,也不是凭东抟西抄的浮靡小惠欺世盗名,更不是取陡起陡落的前卫泡沫制造一次性消费的幻名,不是的,他是在为数不多辛勤耕耘的艺术家中,心态最为平和沉实的一位,是最富有长远劲儿和琢磨味儿的'相声美学'追求者,或者,更直觉地说,创作或表演乃是他相声教学、体味生活的一种需要,一种追随时代、咀嚼艺术的潜能和嗜好。"

在灵中现真情

在天津卫,灵的相对词,叫"装大傻"!比如,吃完饭该掏钱结账了,假装迟钝;别人需帮忙,假装没看见;应随份子,假装不知道。天津人讥讽他们"装大傻"。可刘俊杰却不一样,近年来,苏先生年事已高,凡看病、住院等事,都是他跑前忙后。甚至上哪看病、找谁、住什么病房,都是他给联系。还经常让妻子开车接送。一次我去看望在天津总医院住院的苏文茂先生,刚好刘俊杰夫妇也在,当时,苏先生随便说了一句住院的用品还差一点,刘俊杰的夫人二话不说,马上开车就去给买了回来。应该说照顾老师已成为他生活中最重要的事情,即使有商演也要推掉。

他灵啊,知道师父爱听什么,便千方百计让师父高兴,知道师父爱"砸挂",除了自己去以外,还让徒弟们轮流去,他跟徒弟们说:"估计这两天,你师爷在医院闷得慌了,你们排班轮流给解闷儿去。"

除了对自己的老师照顾得无微不至之外,刘俊杰对曲艺界的老艺术家也充满了爱戴之情。无论这些老艺术家谁举办庆贺活动,还是召开研讨会、过生日、收徒弟,他都主动帮助策划、组织、协调、随礼。在王毓宝从艺77周年纪念活动、魏文亮从艺55周年晚会、张志宽从艺50周年纪念活动和黄铁良从艺55周年晚会上,都能看到他的身影。

刘俊杰收了16个徒弟,都很有成就。他对每一个孩子都悉心传艺,绝不保守。喜欢去茶馆听相声的朋友,还经常能在那里看到刘俊杰给徒弟"捧哏"。应该说,他这样做对于徒弟适应各种演出场合,更好地掌握和驾驭一个节目的"包袱儿"是非常有益的。

徒弟王铮鑫、赵子龙、王迎参加相声比赛,刘俊杰利用午间休息时间在家里给他们说活,为他们排练。刘俊杰不仅在艺术上悉心指导,在生活上对徒弟们也是照顾有加。彭焕迎在山东给师父打电话,家人有病,急需用钱。刘俊杰马上到银行汇款,以解燃眉之急。彭焕迎在山东的学校有了困难,需要解决,也是师父刘俊杰亲赴山东,给予帮助。

如今,冯阳、王友如成为天津市曲艺团青年相声队成员;冯阳参加第五届央视相声大赛获得优秀奖,并在天津交通广播长期担任相声节目主持人;郑昆在二炮文艺系统发挥着重要作用;王迎、王铮鑫、解志强都在群文系统工作;许健、张福、李超等已成为天津市相声舞台年轻的一代主力。

在灵中展幽默

灵,作为相声演员还必须体现出幽默。有灵气、有水平的幽默,在台上显才气,在生活中也能化解尴尬、增进同仁之间的友谊,在这方面,也能充分体现出刘俊杰的灵气儿,并能看出相声演员之间幽默、可爱而又可乐的情趣。

日前,在北京召开全国第六次曲代会,刘俊杰与张志宽住一屋。这俩人的关系可不一般,在行内他们是叔侄,张志宽大一辈,按相声门户说,张志宽的师父是李润杰,李润杰的师父是焦少海,焦少海的父亲是焦德海;刘俊杰的师父是苏文茂,苏文茂的师父是常宝堃,常宝堃的师父是张寿臣,张寿臣的师父也是焦德海。所以他们俩都是焦家门的人。

刘俊杰对张志宽也很尊重,但他二人还从来没在一个屋睡过觉。张志宽睡觉打呼噜,而且颇具水平,比方说,他要是住在10号房间,那么跟他在一排的、隔9个房间的1号房间会以为是2号房间的人打呼噜了。有一次,去国外访问演出,在飞机上时间长,肯定要睡觉,他要是一打呼噜,全飞机的人都得提抗议,尤其是这架飞机上,哪个国家的、什么身份的人都有,跟他同行的人也说:"你在外国人眼中是中国著名艺术家,你不能打呼噜,否则有失大雅,所以,你不能睡觉。""我凭什么不睡?这么长时间我受得了吗?"

嘿!还真有一高人给出了个高招儿,叫他嘴里含着个勺,咬着勺就打不

出来呼噜了。这可是个好办法，临上飞机前他准备了一把勺，在飞机上一看快困了，就赶紧把勺儿塞进嘴里，这一下，他更引人注意啦。

"这个人怎么回事儿？只见过小孩饿了含奶嘴的，这位60多岁老人怎么含个勺儿呢？"

过一会儿，他含着勺睡着了，可呼噜照样打，只是更新鲜啦，那勺随着他呼噜的节奏，一颤一颤直哆嗦，把旁边的人全都给吓到后面去了。有个外国人说："这比恐怖分子还厉害！"

这次，刘俊杰和他住一块儿了。俊杰心想，得！咱别给领导找麻烦，让谁来这屋都不好，我有办法。晚上张志宽是躺在床上就睡，俊杰一看这可怎么办啊？这呼噜太响了，山崩地裂呀！实在忍不住了，便想，让他翻个身就好了，就摇他："叔儿，叔儿。"

越摇他是越睡，越摇这呼噜越响。"这不是成心跟我作对吗？得！我拧他。"这么一拧，张志宽醒了："怎么回事儿，小子？""叔儿，您要咸菜吗？"

"大半夜的，我要咸菜干嘛？"

"您上这儿喝粥来啦？！"

"哪儿来的粥？睡觉，睡觉。"他一翻身这呼噜又接着打上啦。

没办法，刘俊杰一宿没睡。白天开了一天的会，这个困呀，又到晚上了，俊杰可含糊了，得想点儿办法。对！吃安眠药吧，在张志宽睡前就吃。药吃下去了，要迷糊啦，这时张志宽回来了，刚躺下，"呼……呼……"又打上了，安眠药根本就不管用啊。

"好！我跟你比。"俊杰冲着他那床练发声，"啊……啊……"整整喊了一宿，张志宽也没醒。

转天，他起来还对俊杰说："小子，你怎么回事儿？是不是夜里做噩梦了，总喊什么啊？"

"我做噩梦？我是睡不着觉！"

"没事儿，你主要是还没习惯，你看你婶儿跟我快四十年了，现在一点事儿都没有。"

"我习惯得了吗？"

到第三天，刘俊杰一看别睡了，怎么办呢？把屋里所有的灯全打开，电视也都打开,把音量调到最大,可张志宽是照睡不误。

4 点多钟张志宽醒了,方便以后回来问:"小子,你怎么还不睡啊?明儿还得开会啦!"

"您可真关心我?不能睡!"

"为什么?"

"您躺着,我不得在这儿给您守着吗?!"

"给我守灵啊?"

"没有!没有!我只是说守着您睡!"

"快睡吧!"他又呼噜上了。

到第四天开完会了,该走啦,早晨大家都收拾东西,张志宽退休以后住在北京,收拾好了跟大家告别。大伙有的帮他拿行李,有的送他,刘俊杰肿着眼睛从屋里也赶紧出来,说:"叔儿,您慢走,等您百年之后,我要是不看您去,您可别怪罪我啊。"

"嘛意思?"

"这四天我已经尽孝了。"

"噢!还是给我守灵呀?!"

这种生活中机灵的幽默,难道不是才气,不是增进友谊的添加剂吗?!

嘛叫天津人的『玩儿』

中國文化艺术交流展

嘛叫天津人的"玩儿"

——话说农民画家窦锡珍

　　玩儿,外地人视为娱乐、游戏。天津人的玩儿,可是有着更多的内涵和寓意。如夸一个人多知多懂,叫"人家肚里有玩意儿";赞赏某人处理事情游刃有余,叫人家会玩儿;有能耐,叫能玩儿;没法子,叫玩儿不转;要花招儿,叫玩儿轮子;不正经,叫玩儿闹;开玩笑,叫逗你玩儿。要打架动手了,也要问一句:"咱玩儿拳? 玩儿跤?"当别人夸自己时,这位谦虚的用语是:"嗐!这不就是玩儿吗?!"玩儿,透着天津人的智慧、幽默、潇洒、胸怀和大气。

　　玩儿,讲究玩儿出花儿来,玩儿出名堂,玩儿得让人瞠目结舌,玩儿得让人心悦诚服,这才是天津人的性格和追求。在天津大港太平镇窦庄子,有一位土生土长的农民,始终靠"土里刨食儿"为生。但他喜好玩儿农民画,而且玩儿得那叫一个邪乎,玩儿得让人叫绝、喊妙。

玩儿淂让大蔓儿称奇

　　孩提时代的窦锡珍,每当蹒跚着走出自家的土坯小院,准备参加一群小伙伴的游戏时,总会怯生生地问一句:"带我玩儿吗?"如能获准,便欣喜若狂。似乎在同伴认可的共同游戏中,满足了自尊、实现了自我。但他基本上听到的是:"去! 一边儿去! 不带玩儿!"为什么呢? 他家是地主成份。在20世纪50年代,翻身得解放的农民,教育孩子时也都阶级阵线分明。没人带玩儿,怎么办呢? 小锡珍只能自己玩儿。在田间地头,以木棍为笔、大地

271

作纸,胡涂乱抹,画自家的鸡、鸭、房子,画大自然中的景物,画他心中梦想的世界。到了小学四年级时,他又因地主成份不能上学了,回到村里下地干活儿,和大人一样挣工分。那时一个标准工10分,8角钱。给他定1分,8分钱。他玩儿命干活儿,休息时,同大人没有共同语言,自个儿依旧在地头用木棍在地上画画儿。拿画画当玩儿,自己哄自己玩儿。"文革"中,全家挨批斗,不久父母便相继离开人世。画画儿成了他唯一可以进行对话和抒发情怀的途径。从素描到构图,从写实到意境的追求,从小画到大画,从在地上画画儿到纸上画画儿。越玩儿越有兴趣儿,越玩儿越上瘾。玩儿着玩儿着就玩儿出了名堂,20岁左右就已成为十里八乡有名的"小画匠"了。随着他对艺术的不断理解和探索,那些乡土气十足的画作,又吸收了传统的国画技法,把年画、版画、泥塑、剪纸、布贴、蜡染和漏白等多种艺术形式及绘画语言融进了自己的画中。最终他玩儿成了!农民怎么啦?乡下照样出艺术家。

他最腻歪有一段相声里说的:"老坦儿进城,腰系麻绳,找不着茅房,旮旯也行。"他进城了,虽然腰间没系麻绳,但还是典型的一身农民打扮,地道的大港话,管"妈"不叫妈,叫"丫"!"俺的丫呀,您老知道冯骥才吗?您老知道他对我拿的那个行(háng)子(管画不叫画,叫"行子"),怎么说的吗?"

大名人冯骥才看了窦锡珍的画后,问他:"你知道毕加索吗?"当时窦锡珍一愣,没听过这个名儿。以为有学问的人瞧不起他,用外国人吓唬他。便说:"俺有锁门的看家锁,不知道毕加索。"冯骥才又说:"你知道马蒂斯吗?"他说:"我知道俺养的马有马蹄子,不知道马蒂斯。"冯骥才后面的话让他乐了:"很奇怪,你没见过马蒂斯的画,没接触过毕加索的作品,没看过敦煌莫高窟的绘画艺术,可是你的画有毕加索的造型,有马蒂斯的精神,有敦煌莫高窟的艺术氛围。你的画很有想象力,画面有动感,很浪漫。艺术上的浪漫是很难得的,多年来没有人能画出这么浪漫的画。你的画填补了中国农民画的一项空白,为美术界带来了新的启迪与思考……"

"丫呀!"他又喊了一声妈!"俺这个老坦儿,不但玩儿进城了,而且玩儿成了!"

冯骥才接着又说:"我看过陕西户县、上海金山等地的农民画,那些都是些写实的,是民间画。而你的画已经超出了民间画的风格,你的画是浪漫主义的。画面中的人是动的,水是流的,花鸟虫鱼都是活的。你画出了人类生活在美好的大自然中、美好的气氛中漫游,任何人看了都会感到现实生活的美好,看了舒心。"

这就是一个天津农民,够能耐吧?!他把画画儿当玩儿,还玩儿得让城里的"大蔓儿"惊叹、称奇。

玩儿得让老外叫绝

"玩儿,只让中国人佩服,不算咱会玩儿,还得让大鼻子们服咱。"

2001年夏季的一天,他刚从田里干完农活儿回家,就接到了一个自称是英国BBC电台记者的电话。说《中国日报》发表了一篇介绍你的文章,很多外国人看完以后,觉得一位没有经过任何专业学习的农民,不可能画出那么好的作品。所以很想见你一面,不知你能否屈尊到英国驻北京的大使馆来一趟。

"真客气,还屈尊?哏儿!咱农民不但能进城,也能进你英国大使馆。"他还是农民打扮,按照约定的时间,只身到了英国驻北京的大使馆。

进入使馆后,早已恭候他的人出来迎接。并顺口问了一句:"窦先生你开什么车来的?"窦锡珍心想:我不会开车,没车,也没人开车送我。但我不能让他们看不起中国农民。他反应很快,随口反问人家:"你知道我为什么不开车吗?"那个英国记者就问:"为什么?"他说:"开车不好,光注意两边的车辆和红绿灯,就没有心思去思考艺术了。我坐火车,能思考,能看到窗外各种庄稼和造型各异的建筑物,会构思出美的作品。"那位记者伸出拇指,表示佩服:"中国农民就是勤奋,珍惜时间,有车也不开,要挤时间构思艺术。"当窦锡珍展示自己的画时,大使馆的官员和英国BBC电台的记者对窦锡珍自学能达到的艺术成就赞叹不已。当即决定为他拍专题片,认为他的艺术不是他那个村儿的,也不仅仅是天津和中国的,是属于世界的,世界人民都应该享受这样的艺术。

"老外们没见过,咱玩儿大了。"窦锡珍了不得啦!各国的邀请函接踵而来,都想看看这个怀有奇才的中国农民和他的画作。

窦锡珍与联合国教科文国际民间艺术组织秘书长法格尔合影

首次出访是 2005 年 7 月,芬兰世界贸易中心董事长特邀窦锡珍在赫尔辛基市文化城举办个人画展。他是第一位闯入北欧进行文化交流的农民画家。并以其深邃的中西结合的奇、特、怪的独创艺术形式,给芬兰人民带去了美好的艺术享受,得到了芬兰世界贸易中心负责人和艺术界知名人士的高度评价。特别是在画展开幕式上,芬兰的有关人士以热情洋溢的语言,对他的作品给予了高度的评价和赞赏。窦锡珍也不含糊,演讲了他的农民画艺术创作和构思过程,解释了他画中演绎的神话故事、历史传说、民间谚语等,展示了一幅幅妙趣横生、艳丽飘逸的民间艺术画卷,并在现场做了艺术表演。芬兰的朋友们欣赏了他如何用笔、用色等诸多绝活儿后,不断地鼓掌欢呼。最后由赫尔辛基世界贸易中心总经理向他颁发了芬中发展与交流友好证书。证书中写道:"窦锡珍先生为促进芬兰与中国间的文化艺术交流以及增进芬中友谊作出了贡献。"

2006 年 9 月 17 日,应瑞典斯德哥尔摩画家协会邀请,窦锡珍去瑞典举办画展。开幕式有瑞典贸促会会长珍妮女士、瑞典著名画家 Gisela Becktus

女士以及数十名瑞典画家出席。很多瑞典人对他的这种奇特艺术产生了极大兴趣。观众对着有形而似无形、无章法而又有规律、充满着生命的崇高和变化、再现着美好希望和激情的作品,赞他捧他。可他事后说:"着急啊! 光看见那么多漂亮的女人围着我了,一句也听不懂。"瑞典国王的翻译朱迪思小姐看他只知道点头不能对话,便给他当翻译:"你这种大手笔的变形、夸张、含蓄等技法作的画,使作品充满着生机和活力,同时又有着强烈的感染力和冲击力,你的画是把思维空间留给观众的艺术瑰宝! 我们爱这些画,我爱东方的中国文化……"

在斯德哥尔摩的画展,引起了轰动。朱迪思小姐还电告瑞典国王夫妇:"从中国天津来了一位神奇的农民画家。"国王听后也高兴地邀请窦锡珍进了皇宫,现场为其作画。

不久,窦锡珍又来到西班牙首都马德里举办画展。画家协会主席林东先生对窦锡珍的作品赞不绝口,称窦锡珍是人民的艺术家。称赞他把人类、宇宙、生灵和大自然结合在一起,绘制出美丽的、世界绝无仅有的瑰宝。在林东先生的陪同下,他来到了巴塞罗那毕加索美术馆参观。

毕加索美术馆馆长浩尔海先生亲自陪同,并把每一幅作品都作了详细介绍。自此,窦锡珍才知道毕加索大师的作品,"真的是神奇绝伦、令人叫绝"。这种身临艺术大师创作环境的学习,对提高他的绘画艺术有巨大的帮助。

2007 年 4 月,窦锡珍又接到西班牙和瑞典画家协会第二次邀请,再度赴欧洲进行文化交流;希腊大使馆也送来邀请他去该国进行文化艺术交流的邀请函。2007 年 7 月,窦锡珍赴希腊和澳大利亚等地进行文化交流并举办个人艺术画展。

近年来,国外的邀请他都暂时谢绝了。他还要静下心来再画一批新作:"让老外喊绝,就得不断地玩儿绝的。"

玩儿得让行家喊妙

在 2006 年 10 月第三届中华(天津)民间艺术精品博览会上,窦锡珍被

联合国教科文国际民间艺术组织授予"国际民间工艺美术家"的称号。

　　行内人说窦锡珍的玩意儿妙。是的，他妙就妙在一个连小学都没毕业的人，一个从没受过正规艺术院校教育的人，用他自己发明的几何图形，自己创造的方程式，自己设计的线条，自己调配的颜色，自己的艺术符号，创作出了让画坛普遍称妙的绝活儿。有专家评论说："窦锡珍先生的画是具有独创性、时代性、民族性、国际性、文化性、艺术性，并蕴藏着深邃的淳朴之美、形式之美、装饰之美、静穆之美、憨态之美、浪漫之美、恬淡之美、含蓄之美和咀嚼之美的民间艺术。"

窦锡珍与自己作品合影

　　玩意儿妙，妙就妙在他把宇宙的、空间的、天上飞的、地上跑的、水里游的、梦幻的、现实的、神话的、传说的……都集聚在他的画里，使画作充满神奇和奥妙,让人们在幻觉中找寻现实,在现实中归属自我。如《美的旋律》、《浴仙图》两幅作品,既充满了性压抑的呐喊,也充满了对美好人生的呼唤;既有对封建礼教的批判,也表现出光明磊落的大无畏精神。作品的理论依据来源于母亲,他认为:是神圣的母亲在遥控着万物,遥控着生灵,遥控着宇宙。所以他克服了现代艺术中的文化专利性和自我封闭性,不但从中国传统民间艺术中汲取营养,也从西方传统及现代艺术中汲取营养。他用女性人体变形写意的方式,作为新的艺术符号,完成了对中西传统艺术形式的推陈出新和去伪存真的过程,并表现出一种强烈的生活体验和高尚的精神追求。

玩意儿妙,就妙在他的画既不是唯心的,也不是简单地对唯物的图解,而是充满着辩证法。让人不断地认识和理解天、地、人、日、月、星空、宇宙及万物之间的相互关系,同时也告诉我们,没有和谐的大自然,就不会有人类美妙和神奇的存在。

有人劝他:"你玩儿出了名,该玩儿点钱回来了。"还有人出主意:"别种地了,在城里开画廊。走穴画儿赚钱吧。"他说:"钱,就像鲜花一样迷人。但我要是想着钱,在城里买房、买车,那我就失去了赖以立足生存的大地,失去了丰富多彩的春夏秋冬。农民画不能离开农村,玩儿到高楼大厦的城市,我的画就没了生命力了。我也不能不种地,我永远把画画当玩儿。"太妙了!中国农民特有的生活体验,使窦锡珍这样的画家实现了中国农民画的高层次飞跃。

最近,他在突击完成一幅百米长卷,题名《盛世欢腾》,富有时代意义的民间故事和历史典故相互辉映,充满了神奇的想象力和不可思议的浪漫气质。

玩儿,他认为也面临着机遇。奔流在新的改革开放大潮中的海河水,给辽阔的津沽大地带来无限生机与活力,同时也预示着博大厚重的天津民俗文化的新崛起。要会玩儿,就应该在这个造就民间艺术的繁荣盛世,创作出不愧于我们这个时代的优秀的农民画作品。

这就是一个典型的天津农民的玩儿,他玩儿出了档次,玩儿出了境界,而且玩儿得让人开心,让人扬眉吐气。

后 记

　　人，是哭着喊着来到这个世界的，且不避私密，坦诚相见，披肝沥胆，小小人儿，却有大家风范。遗憾的是，人长大了，却有着许许多多无法随性呐喊的顾虑了。尤其是身为一方文学艺术领域的管理干部，我的职责是服务，但却总是有着一种按捺不住的冲动。为什么不能为宣传他人、服务大众的人去宣扬呢？难道受众只能从他们的作品、演技去认识、了解他们吗？他们那些可贵的鲜为人知的境界与生活为什么不能直接进入人们的视野呢？然而，我每次生发出为他们呐喊的愿望时，又总是障碍重重，一是苦于才疏学浅，羞于在业内班门弄斧；二是胆怯官场一些潜规则，芸芸众生，为什么对张三或李四情有独钟呢？于是便经常顾左右而言他。近日，忽生一念，从事文学艺术50年了，按规定即将从管理岗位退下，责任压倒了个人的私心杂念，我不想图"作家"之冠，也不用顾虑"不务正业"之嫌，捉笔小试，就写生活在我们眼前的、健在的、鲜为宣传的人和事。没想到，《天津日报》哈树、张星二位女士给了我勇气和支持，主动为我在其主管的版面中辟出"福海讲故事"专栏。压力竟触动了我当初呱呱坠地、无所私念、尽吐肝胆的某根神经。责任驱使我要为自己的同仁呐喊，历史应该有艺术家本身的浓墨重彩。此次成书，也要感谢晓津女士鼎力支持，怀远、子龙先生分别作序、题写书名。

　　身边同仁的故事没有讲完，也永远讲不完。但我还必须说明，因涉及领域广泛，我不想当"专家"，也不可能是每一个艺术门类的专家。文中所涉及的诸多艺术评议，就权当我是食客品评厨子罢了。

孙福海

2010 年 7 月